Arnd Lützeler   Sabina Berressem

Harmonietheorie

© 2018 Arnd Lützeler/ Sabina Berressem

Umschlaggestaltung, Illustration: Arnd Lützeler
Korrektur: Delia Machmüller
Herausgeber: Arnd Lützeler

Verlag und Druck: tredition GmbH, Halenreie 40-44, 22359 Hamburg

ISBN Taschenbuch: 978-3-7469-4246-9
ISBN Hardcover: 978-3-7469-4251-3
ISBN e-Book: 978-3-7469-4252-0

Bibliografische Information der Deutschen Nationalbibliothek:
Die Deutsche Nationalbibliothek verzeichnet diese Publikation in der Deutschen Nationalbibliografie; detaillierte bibliografische Daten sind im Internet über http://dnb.d-nb.de abrufbar.

Für alle Menschen, zu denen wir in unserem Leben eine Beziehung aufbauen durften. Besonders seien hierbei unsere Eltern, unsere Ex-Partner und nicht zuletzt unsere Kinder genannt. Ihr alle habt uns zu den Menschen gemacht, die wir heute sind. Ohne Euch hätte es dieses Buch wahrscheinlich nie gegeben.

*„Die reinste Form des Wahnsinns ist es, alles beim
Alten zu belassen und zu hoffen, dass sich etwas ändert"*

Albert Einstein

Inhalt

Vorwort

Als wir uns kennenlernten fanden wir schnell heraus, dass wir eine Gemeinsamkeit hatten. Menschen kamen zu uns, um uns von ihren Problemen zu berichten. Das waren nicht nur Freunde oder Bekannte, denn manchmal wurden wir auch in der Bahn oder sonst wo von wildfremden Menschen angesprochen, die scheinbar irgendwie das Bedürfnis zu verspürten, uns ein wenig über sich und ihre derzeitige Situation zu erzählen. Es zeigte sich, dass die meisten dieser Leute dasselbe bedrückte. Sie waren unzufrieden mit ihrem Leben, ihrer Arbeit, mit ihren Beziehungen. Sie waren unglücklich. Oftmals konnten wir diesen Menschen tatsächlich gute Ratschläge geben und ihnen kurzfristig helfen. Doch leider zeigte sich recht schnell, dass die Umsetzung der Ratschläge, die wir diesen Menschen gegeben hatten nicht sehr lange anhielt. So fiel mir bei ein paar meiner Freunde auf, dass sie sehr schnell wieder in alte Muster verfielen und sich mit denselben Problemen herumschlugen.

Einige kamen dann nach einer Zeit freudestrahlend an und erzählten, dass sie nun endlich in irgendeinem Buch ihre Lösung gefunden hätten. Diese gelesenen Lösungen kamen uns zumeist jedoch allesamt allzu bekannt vor. Denn sie waren fast immer nahezu identisch mit den Ratschlägen, die wir selbst diesen Menschen gegeben hatten. Doch auch die gelesene Fassung der möglichen Problemlösung hielt nicht lange an. Bereits kurze Zeit später standen diese Menschen wieder vor dem Berg an zwischenmenschlichen Problemen, der für sie unbezwingbar erschien. Schnell drängte sich bei uns die Frage auf: Was fehlte diesen Menschen, damit sie die Dinge, von denen sie selbst anfangs dachten, dass es der richtige Weg für sie sei, dauerhaft umsetzen konnten?

Durch unsere Berufe hatten wir glücklicherweise die Gelegenheit, mit sehr vielen unterschiedlichen Menschen über Beziehungsproblematiken und deren potentiellen Ursachen zu sprechen. Vor allem auch darüber, warum es vielen so schwerfiel, ihre eigenen Gewohnheiten teils nur ein kleines bisschen zu verändern, um so möglicherweise glücklicher zu werden. Zudem habe ich in meinem Beruf zumindest ansatzweise mit den Theorien über die Funktionsweise des menschlichen Gehirns, Kommunikationsmodellen und Empathie zu tun, weswegen ich mich schon länger mit dem menschlichen Verhalten untereinander beschäftigte. Somit fügten sich nach und nach immer mehr Puzzlestücke zusammen, die bei uns nicht nur dazu führten, uns allmählich die Probleme innerhalb menschlicher Beziehungen begreifbar zu machen, sondern auch noch zu erklären schienen, warum man seine eigenen Gewohnheiten so schwer ändern konnte. Der Grund für die Probleme innerhalb unserer Beziehungen und der Grund dafür, dass wir die richtigen Wege oftmals nicht beschreiten können, schien derselbe zu sein.

In der Folge entstand die Idee, die alltäglichen Dinge und Gespräche innerhalb einer Beziehung durch die Perspektive des jeweiligen Geschlechtes (ausnahmsweise einmal, ohne dabei unterbrochen zu werden) darzustellen, um so einen Einblick in die „andere Art zu denken" zu ermöglichen. Wir erhofften uns durch die Sichtweise des Anderen die Ursache für all dies zu finden, indem wir zusammen ergründen wollten, woher unsere Ansichten und unsere Vorgehensweisen kamen. Am Ende hatten wir immer mehr das Gefühl, den Anderen tatsächlich besser verstehen zu können. Mit der Zeit wurden uns dadurch nicht nur die Ursachen unserer aktuellen alltäglichen Probleme, sondern auch die aus allen unseren vorangegangenen Beziehungen immer bewusster.

Letztlich wurde uns nach alledem klar, dass Alles, Kommunikation, Denkweise, unterschiedliche Erfahrungen, die daraus entstandenen unterschiedlichen neurologischen Verknüpfungen, Erziehung und jede Beziehung in unserem Leben zu den Problemen führte, mit denen wir uns die meiste Zeit unseres Lebens herumschlagen müssen. Gleichzeitig führten dieselben Gründe aber auch dazu, dass wir es nicht einfach ändern oder gute Ratschläge einfach so annehmen konnten. Die Situation schien verzwickt.

Je mehr wir uns also mit diesem Thema befassten, umso klarer wurde, dass wir weit ausholen mussten. So weit, dass man es nicht einfach mit einem kurzen Gespräch oder ein paar wenigen Sätzen erklären konnte. Folglich blieb uns gar nichts anderes übrig, als unseren Lösungsansatz zu verschriftlichen.

Dieses Buch stellt demnach den Versuch dar, diese ganzen verschiedenen Dinge zusammenführen, die unserer Ansicht nach für das Verständnis von Beziehungen nicht losgelöst voneinander betrachtet werden dürfen. Denn nur, wenn man das „Warum" versteht, hat man die Chance, den Partner oder welchen Menschen auch immer in seinem Leben tatsächlich als Individuum zu begreifen. Auf dieser Basis ist man dann in der Lage, für sich selbst und für den anderen einen gemeinsamen Weg zu finden, ohne leiden zu müssen. Sei es, den gemeinsamen Weg zu optimieren, oder diesen guten Gewissens zu beenden, weil die Unterschiede einfach zu groß sind. Sie werden also mehr zu lesen bekommen als nur Theorien oder Ansichten über Verständnis, Toleranz oder Unterschiede zwischen den Geschlechtern. Es geht um uns Menschen, um unser Leben, das von Anfang an ausschließlich von Beziehungen beeinflusst ist, die ihrerseits durch sämtliche zuvor gesammelten Lebenserfahrungen jedes Menschen der an der Beziehung beteiligt ist, geprägt sind.

Diese Erkenntnis ist zugegebenermaßen nicht gänzlich neu, aber für uns war sie gleichbedeutend mit einer Fülle an Themen, die bedacht werden mussten, um das eigentliche Problem zu verstehen und die Frage nach dauerhaften, nachhaltigen Lösungswegen beantworten zu können. Uns war klar, dass dieses Geflecht, welches jeden einzelnen von uns Menschen ausmacht, entschlüsselt werden musste, damit die eigentlichen Ursachen von Problemen in Beziehungen entlarvt werden konnten.

Denn es gibt kein Pauschalrezept für das Führen einer guten Beziehung. Die Probleme ähneln sich zwar häufig, aber sie sind trotzdem sehr verschieden. Einfach deswegen, weil sie allesamt auf den unterschiedlichsten, individuellen Erfahrungen der Beteiligten in der jeweiligen Beziehung basieren. Der in unseren Augen einzige Weg hin zu einem harmonischen Miteinander kann deswegen nur der sein, zu verstehen, warum wir selbst so sind wie wir sind und warum es uns so schwerfällt, Dinge in unserem eigenen Leben zu ändern. Denn nur, wenn man das wirklich begriffen hat versteht man mit einem Mal plötzlich auch, warum der jeweils Andere so ist, wie er ist. Warum er in Situationen, die Sie so oft nicht nachvollziehen können, so handeln *muss* wie er es tut. Warum er sich im Grunde nur mit den exakt gleichen Problemen in seinem Leben herumschlägt wie Sie.

Wir sind davon überzeugt, dass die Erfahrungen, die Sie durch dieses Buch sammeln können das Potential besitzen, Ihr Leben und Ihre Beziehungen zu anderen Menschen positiver gestalten zu können. Vielleicht ist es sogar der Schlüssel für eine harmonische Beziehung, den Sie immer gesucht haben. Doch eines sollte Ihnen klar sein: Sie können Ihre Beziehung nicht durch bloßes Lesen schöner und harmonischer machen. Das können Sie nur selbst tun. Durch bewusstes Handeln. Insofern zeigt Ihnen dieses Buch zunächst nur einen Weg auf, den Sie nach und nach selbst beschreiten müssen. Doch im Gegensatz zu Anderen nehmen wir Sie auf einen kleinen Umweg mit. Um nämlich das komplexe System wirklich zu begreifen, welches hinter unseren Beziehungen steht, müssen wir uns weit mehr Bereiche und Dinge des Lebens genauer ansehen, als sie nun vielleicht denken. Möglicherweise werden sie sich auch das ein oder andere Mal wundern, doch am Ende werden Sie genau das erfahren haben, was Sie aus unserer Sicht für das erfolgreiche Angehen des Lösungsweges benötigen. Versprochen. Einiges wird Ihnen dabei vielleicht schon bekannt vorkommen, anderes wohl vermutlich eher nicht.

Dieses Buch wird nicht Sie ändern, wohl aber Ihre Einstellung zu den Ansichten und Meinungen anderer Menschen. Genau darin liegt die Lösung aller Probleme. Sie werden es erfahren.

Warum wir sind, wie wir sind

„Warum streiten wir uns andauernd?" Ich denke, Sie kennen diesen Gedanken. Ich kenne ihn sehr gut, da er mir in meinen früheren Beziehungen sehr oft durch den Kopf ging. Denn ich will und wollte nie streiten. Ich wollte immer Harmonie in meinem Leben. Zudem ist es für mich als Mann sowieso mein höchstes Ziel, Ruhe zu haben. Zumindest dann, wenn ich mich in meinem geschützten Bereich befinde, in dem ich Energie tanken will. Bei meiner Partnerin, in meinem zu Hause.

Wenn es dann in einer Beziehung mal nicht so lief, habe ich oft an die Pubertät zurückgedacht. Jene Zeit also, in der wir Menschen so allmählich Interesse für das andere Geschlecht entwickeln. Als heranwachsender Junge habe ich mich jedes Jahr auf die Freibadsaison gefreut, um dann eben ab und an auf dem Bauch liegen oder eben etwas länger im Becken bleiben zu müssen. So lange, bis man „Es" im weiteren Verlauf seines noch jungen Lebens dann irgendwann zum ersten Mal tat.

Gut, danach lag ich zumeist immer noch ab und an im Schwimmbad auf dem Bauch, wie eben viele junge Männer auch. Sollten sie sich manchmal also fragen, warum ihr Mann oder ihr Freund partout noch im Wasser bleiben möchte, dann gehen sie einfach davon aus, dass es ganz sicher etwas mit ihnen zu tun hat. Doch auch das lässt dann irgendwann nach. Das hat jedoch nicht unbedingt damit zu tun hat, dass wir unsere Partnerin nicht mehr attraktiv finden. Viel mehr lernen wir es einfach nur irgendwann in den Griff zu bekommen.

Aber bis zu diesem „ersten Mal" sind Frauen für den werdenden Mann einfach etwas Mystisches und es wäre falsch zu behaupten, dass damals neben Sympathie nicht auch eine gehörige Portion Testosteron eine entscheidende Rolle gespielt hätte. Zumindest mehr, als es das im späteren Verlauf unseres Lebens tut. Sicher ging es uns auch irgendwie um Liebe. Aber die ist in diesen Tagen doch irgendwie anders gewesen. Sie war neu, interessant, nebulös und man wollte dieses Unbekannte, was man über Jahre seiner Kindheit im Grunde genommen einfach nur überhaupt nicht mochte, plötzlich kennenlernen. Genau kennenlernen.

Wenn ich mich also wieder einmal so richtig mit meiner Partnerin gestritten hatte, fragte ich mich häufig, ob das nicht ein Fehler im Programm sei. Wieso entwickeln wir diese Gefühle zum anderen Geschlecht, wenn es dann irgendwann später im Erwachsenenleben dazu führt, dass wir uns gegenseitig an die Kehle springen wollen? Wo zum Teufel war der Zauber hin?

Gut, es war und ist nicht immer alles schlecht, aber geschlechtliche Meinungsverschiedenheiten ziehen sich durch unsere Beziehungen wie ein roter Faden. Hierbei gibt es dann zwar auch die schöne Theorie, dass Streitigkeiten innerhalb einer Beziehung doch das „Salz in der Suppe" seien, und ja, „Versöhnungssex ist der schönste". Aber sind wir doch ehrlich, wer streitet sich schon wirklich gerne? Ich rede hier nicht von einer netten, impulsiveren Gangart, wie sie vor allem auch im mediterranen Raum verbreitet ist. Sie haben das vielleicht mal erlebt, Sie sind irgendwo in Italien bei Freunden zu

Gast, die sich dann zwischendurch in ihrer Landessprache offenbar die übelsten Dinge um die Ohren werfen. Wenn Sie dann kurz davor sind, hinter den nächsten Tisch zu springen, um den bevorstehenden Tellerwürfen zu entgehen, erntet man aufgrund seines verängstigten Verhaltens nur verständnislose Blicke, da ja nur die Einkaufsliste geplant wurde.

Nein, ich rede von der Art Streit, bei dem man seinen Partner oft aus einem Unverständnis für diesen tief verletzt und man auch selbst aus dem gleichen Grund heraus verletzt wird. Meinungsverschiedenheiten also, die häufig mit den Unterschieden zwischen Mann und Frau begründet werden. Die wir in diesen Streitereien eigentlich nie richtig lösen. Zumeist kommen wir darin irgendwann an den Punkt, dass man nicht mehr streiten möchte. Oder wir erinnern uns plötzlich daran, dass es ja auch einen Grund gibt, weswegen man sich den Anderen zum Partner ausgesucht hat. Dann, ja dann lieben sich manche zur Versöhnung, aber das Problem bleibt trotzdem bestehen, und es wartet so lange im Untergrund, bis es erneut herausbricht. Manchmal dann noch schlimmer als zuvor. Mit der Zeit vergessen wir dann immer mehr, warum wir uns ausgerechnet diesen Partner ausgesucht haben und die Beziehung endet in irgendeiner Form der Frustration.

Derartiges erleben wir so oft, dass uns dieses Problem komplett aussichtslos zu sein scheint. Doch ist es das tatsächlich? Nun, zugegeben, zu diesem Thema gibt es Meinungen wie Sand am Meer. Wenn man diese Meinung dann noch in gedruckter Form auf Papier bringt, glauben viele, die dieser Meinung dann ein paar Wochen mit der Gewissheit folgen, es nun endlich begriffen zu haben. Bis zu dem Zeitpunkt, an dem das Buch dann den Weg über das Bücherregal und dem

Karton im Keller zum Flohmarkt oder zum Altpapiercontainer gefunden hat. Das liegt ganz einfach daran, dass wir Meinungen von anderen Menschen nicht einfach glauben können. Dafür bräuchten wir nämlich eine Unmenge an Vertrauen dem anderen gegenüber. Doch es ist eher selten, dass wir einen Menschen treffen, bei dem dies so ist.

Nein, wenn wir wirklich etwas lernen und Erfahrungen sammeln wollen, dann ist tatsächlich wesentlich mehr erforderlich. Eine große Hilfe wäre es hier, wenn wir genau wüssten, wie der Andere tickt. Doch dafür würde es schon eines Einblickes in seinen Kopf bedürfen. Nein, bitte legen Sie das Beil wieder zur Seite und versuchen Sie, diesen womöglich gerade bestehenden inneren Drang für die nächsten paar Stunden nicht nachzugeben. Denn ein solcher Einblick geht selbstverständlich nicht wortwörtlich. Aber vielleicht ist es auf andere Art und Weise möglich, diesen Einblick zu bekommen. Schauen wir uns in diesem Zusammenhang einfach einmal an, wie wir Menschen uns im Verlauf unseres Lebens entwickeln. Genauer gesagt, wie wir Erfahrungen sammeln und welche Bedeutung diese für uns haben.

Für uns Menschen ist es von Beginn an leicht, Erfahrungen zu machen. Denn diese sammeln wir in der Hauptsache über Beziehungen. Was das betrifft, haben wir Glück. Denn wir Menschen leben von Anfang an in Beziehungen. Ständig, egal ob partnerschaftliche, familiäre oder berufliche Beziehungen, Interaktion mit Anderen bestimmen ständig unser Leben. Das beginnt bereits vor unserer Geburt. Damit meine ich nicht nur jene wunderbare, sternenklare Nacht am Strand von Irgendwo, von der Vater oder Mutter oftmals erzählen, während man sich innerlich an das andere Ende des Universums wünscht und verzweifelt versucht, diese Bilder wieder aus dem Kopf zu bekommen, die langsam in ihren Gehirnwindungen den Weg dahin suchen, wo über Übelkeit und Erbrechen entschieden wird.

Es geht vielmehr darum, ob die Beziehung unserer Eltern zu diesem Zeitpunkt wirklich so gefestigt war, dass sie bereit dazu waren, Eltern zu werden. Doch diese Frage wird fast immer erst dann beantwortet, wenn wir schon geboren sind. Und auch davon hängt ganz entscheidend ab, wie sich die Beziehung unserer Eltern zu uns gestaltetet. Denken Sie beispielsweise an die vielen alleinerziehenden Elternteile, bei denen sich der Vater, aber auch ab und an die Mutter aus dem Staub gemacht haben, weil sie diese Art von Verantwortung einfach nicht mit ihrem bisherigen Leben in Einklang bringen konnten. Alleine das hat bei diesen Kindern schon einen massiven Einfluss auf die Parameter für deren weiteres Leben.

Doch noch bevor ein derartiges Ereignis den Lauf unseres weiteren Lebens beeinflussen könnte, wurde dieses bereits an anderer Stelle massiv durch unsere Eltern, genauer gesagt durch unseren Vater beeinflusst. Denn während wir im Grunde genommen gerade erst im Mutterleib angekommen waren, wurde bereits unser Geschlecht bestimmt. Wahrscheinlich eine der gewichtigsten Ereignisse im Hinblick auf den Verlauf unseres gesamten weiteren Lebens.

Zudem haben wir bereits unsere erste existentielle Beziehung, nämlich die zu unserer Mutter im Mutterleib. Ohne diese wären wir gestorben noch bevor wir überhaupt geboren wären.

Während hierbei jedoch der von der Natur vorgegebene Ablauf immer noch einigermaßen gut funktioniert, wir relativ ungestört zu einem nahezu vollständigen menschlichen Wesen heranreifen können und allenfalls wir es sind, die auf das Leben, den Schlafrhythmus und ganz allgemein den Tagesablauf unserer Mutter prägen, so ändert sich dies schlagartig mit unserer Geburt. Nun sind wir mittendrin im Netz der Beziehungen zu anderen Menschen, dem wir uns im Laufe unseres Lebens nicht mehr entziehen können.

Zugegeben, dies klingt zunächst irgendwie negativ. Dabei sind diese Beziehungen keinesfalls immer eine Belastung für uns. Im Gegenteil, denn sehr häufig profitieren wir von Beziehungen. Sie sind für uns oft sogar überlebenswichtig. Dies gilt sicherlich im Besonderen für Kinder und Heranwachsende, auch wenn nun der ein oder andere Pubertierende sein geistiges Veto einlegen wird und verzweifelt nach einer Tür sucht, die er nun trotzig zuschlagen kann. Doch ohne unsere Eltern würden wir in unseren ersten Jahren verhungern und verdursten. Genau diese „materielle Beziehung" erhält uns am Leben.

Aber neben diesen Abhängigkeitsbeziehungen gibt es eben auch die zwischenmenschlichen, die persönlichen, die, welche uns vom Babyalter an prägen und gegen die wir uns nicht wehren können. Hier könnte man meinen, dass der Schlamassel beginnt. Und Sie dürfen mir glauben, es wird schwierig auf diesem Planeten auch nur einen Therapeuten zu finden, der die Ursache menschlicher Probleme nicht zunächst in Erfahrungen oder Prägungen der Kindheit oder Jugend vermutet, die durch irgendeine Beziehung entstanden sind.

Dies ist auch nicht von der Hand zu weisen. Denn wie Sie bestimmt schon des Öfteren gehört haben, *alles*, was wir als unsere Probleme bezeichnen, entsteht durch Beziehungen zu anderen Menschen. Insbesondere in unserer Kindheit und Jugend. Ich befürchte jedoch, dass Sie sich über die Tragweite dieser Tatsache im Hinblick auf Ihr eigenes Leben nur unzureichend bewusst sind.

Hierzu ein kleines Beispiel. Was glauben Sie, warum Männer den Ruf haben, bei jeder noch so kleinen Erkältung eine Nahtoderfahrung zu machen? Gut, das trifft bei leibe nicht auf alle Männer zu und ich habe auch schon erlebt, dass dieses pauschale Vorurteil gerade auch von den Frauen verbreitet wurde, denen man im Krankheitsfalls ebenfalls etwas zu schreiben reichen musste, damit sie ihren letzten Willen zu Papier bringen konnten. Aber wo kommt dieses Verhalten her?

Nun, die naheliegendste Antwort ist oftmals die Richtige: Diese Menschen sind so erzogen worden. Zwar haben es einige Menschen in unserer Gesellschaft bereits vergessen, aber die Zeiten des Patriarchats sind noch nicht allzu lange vorbei. Aber auch, wenn die Gleichberechtigung der Frau in den letzten vierzig Jahren in Deutschland große Fortschritte gemacht hat, so befinden wir uns dennoch allenfalls in einer Art Übergangsphase. Wie sollte es auch anders sein, denn glauben Sie, dass man eine Jahrtausend andauernde Hierarchiestruktur innerhalb einer Gesellschaft mal eben umkrempeln kann? Insofern ist es nicht verwunderlich, dass in vielen Köpfen immer noch der Gedanke des „Stammhalters" herumgeistert.

Meine Mutter beispielsweise konnte bis zu ihrem Tod nicht verstehen, warum ich nicht darauf bestanden habe, dass meine Kinder meinen Nachnahmen führen. Ich trage also die Last mit mir herum, für das Verschwinden unserer Namenslinie verantwortlich zu sein.

Ich weiß natürlich nicht, was Sie getan hätten, aber ich weiß, dass es meine Kinder sind. Nachnamen und Namenslinien sind mir persönlich völlig egal. Das liegt wohl auch daran, dass ich bereits einer Generation angehöre, bei der der Emanzipationsgedanke, also der beginnende Umbruch der Gesellschaft bereits stattgefunden hat. Bei meiner Mutter war das selbst als Frau noch nicht der Fall.

Auch heute gibt es noch viele Familien, denen derartiges wichtig ist, und dort wird der „Thronfolger" eben besonders geschützt. Er darf „nicht sterben", auch, wenn er hoffentlich in der realen Welt immer weit davon entfernt ist.

So springen die Eltern beim kleinsten Kratzer hilfeschreiend empor und leben ihren Schutztrieb aus. Nicht, dass wir uns hier falsch verstehen, wir haben selbstverständlich die Verantwortung, uns um unsere Kinder zu kümmern und für sie da zu sein. Insbesondere auch dann, wenn sie sich verletzen. Aber haben Sie schon einmal darüber nachgedacht, warum an so vielen Spielplätzen der Boden mit Sand oder mit Rindenmulch befüllt ist und nicht mit Beton? Glauben Sie mir einfach, aus fünfzig Zentimeter Höhe wird sich Ihr Sprössling nichts tun, wenn er in den Sand fällt. Das gehört zu dem Plan der Leute, die solche Spielplätze konstruiert haben.

Aber die eigentliche Wurzel des Übels ist der Gefahrenradar dieser Eltern. Ich habe einmal einen dreijährigen Jungen völlig sicher in relativ hohem Tempo einen abschüssigen Weg mit seinem Roller herunterfahren sehen. Als die Mutter ihm zurief, er solle aufpassen und nicht fallen, erschrak der Junge kurz und drehte seinen Kopf nach links, um Blickkontakt mit seiner Mutter herzustellen. Gleichzeitig bewegten sich seine Arme in entgegengesetzter Richtung zum Kopf, was im Bewegungsfluss eines Menschen völlig normal ist.

Somit verriss er den Lenker und knallte im vollen Tempo auf den Beton.

Jetzt geschah aber erst das eigentliche Übel, und wenn Sie selbst Kinder haben, ist es Ihnen vielleicht auch schon einmal aufgefallen. Der Junge hatte sich offenkundig weh getan, aber er weinte nicht. Noch nicht. Er sah zunächst zu seiner Mutter und wartete einen kurzen Moment ab, wie sie reagieren würde. Da diese aber schon auf ihn zulief und den Namen Ihres Sohnes verängstigt und voller Sorge schrie, hatte der Junge in Bruchteilen von Sekunden realisiert, dass es jetzt wohl an der Zeit sei, mit dem Schreien und Weinen zu beginnen.

Die Mutter konnte stolz auf ihren Sohn sein, denn ohne, dass sie es bewusst wollte, hatte er von ihr etwas gelernt. Oder besser gesagt, es wurde eine Erfahrung in seinem Schmerzzentrum abgespeichert. Denn er wusste ab diesem Zeitpunkt, dass dieses bislang noch nicht genauer definierte Schmerzgefühl, welches er nach dem Sturz sicherlich gehabt hatte, wohl ein besonders schlimmes sein müsse.

Eine ähnliche Lernerfahrung finden sie auch in anderen Situationen. So kann es sein, dass sie häufiger und vor allem regelmäßiger auf Toilette müssen als andere Menschen, was nicht zwingend immer eine physiologische Ursache haben muss. Fragen Sie doch mal Ihre Mutter oder Ihren Vater, wie sie es damals geschafft haben, Sie ans Töpfchen zu gewöhnen. Einige Eltern versuchen ihre Kinder nämlich trocken zu bekommen, indem sie sie zu regelmäßigen Zeiten, auch in der

Nacht auf das Töpfchen setzen und so lange warten, bis etwas kommt. Das spart dann zwar schnell die Kosten für Windeln, sorgt aber auch dafür, dass ihr Gehirn selbst bei geringen Füllständen ihrer Blase Alarm schlägt. Das wurde ihnen ja genauso beigebracht, und selbstverständlich nur mit den besten Absichten.

Eltern programmieren also durch ihr Verhalten ihre Kinder in entscheidender Weise. Insofern ist es auch überhaupt nicht verwunderlich, dass die Stammhalter dieser Welt auch nur bei der kleinsten Schramme aufgrund entsetzter Blicke zu dem mutiert sind, was bei ihnen zu Hause vielleicht zurzeit an 36,8 Grad „Fieber" und leichtem Schnupfen verstirbt. Seien sie nachsichtig, denn er empfindet es wirklich so. Aber nicht, weil er leiden will, sondern einfach nur, weil es ihm beigebracht worden ist. Bedenken Sie zudem, durch die vielen Einzelkinder sind in den letzten Jahrzehnten auch viele Frauen zu einer Art modernen Stammhalter geworden, und die habe ich auch schon in ähnlicher Weise leiden sehen.

An den genannten Beispielen sehen Sie sehr deutlich, wie unsere frühkindliche Beziehung zu unseren Eltern, unsere geistige Entwicklung und der Entwicklung zu dem Menschen, der wir sind, im Zusammenhang steht.

Aber sehen wir uns noch etwas Anderes an. Die Tatsache nämlich, dass sich im Grunde genommen niemand von uns an seine ersten drei Jahre erinnern kann. Dies liegt einfach daran, dass sich damals unser Langzeitgedächtnis erst noch entwickeln musste.

Doch wenn man sich die genannten Beispiele genauer ansieht, könnte man fast meinen, dass der Grund für diese verzögerte Gedächtnisentwicklung derjenige ist, dass unser Gehirn in dieser frühen Zeit unserer Entwicklung mit etwas Anderem beschäftigt ist. Mit dem Aufspielen einer Art Grundprogramm, welches dafür verantwortlich ist, mit welcher Intensität wir dann den Rest unseres Lebens bestimmte Reize wie Schmerz oder Harndrang wahrnehmen.

Was nach heutigem Stand der Forschung mehr oder weniger gesichert ist, ist, dass sich die Nervenfasern unseres Gehirns bis zu unserem zweiten Lebensjahr quasi vollständig „entwickelt" haben. Zumindest die Grundstruktur. Auch, wenn sich diese bis zum Erwachsenenalter noch ein paar mal umbaut oder spezialisiert, könnte man so trotzdem sagen, dass bereits im frühen Kindesalter der genetische Bauplan unseres zentralen Nervensystems soweit fortgeschritten ist, dass nach der Vorinstallation nun mit dem Beginn der Installation des Betriebssystems begonnen werden kann.

Selbstverständlich sind wir dann noch keine Einsteins, auch wenn dies einige Eltern immer ganz gerne über ihre Kinder behaupten. Doch alleine diese Aussage beweist im Grunde nur Einsteins Relativitätstheorie, insofern möchte ich diesen Eltern auch nicht widersprechen. Gemessen an ihnen selbst mögen diese Kinder wie Genies wirken. Alles ist eben relativ.

Nur die anatomischen Voraussetzungen reichen einfach nicht. Wie ein Computer, der auf unserem Schreibtisch steht, brauchen wir genügend Speicherkapazität und natürlich Programme, die unser Gehirn nutzen. Diese gespeicherten Programme, die Software unseres Lebens, ist der zweite wichtige Teil, ohne den das Gehirn nicht das volle Potential ausschöpfen kann. Diese Programme sind das Ergebnis der Prägungen all unserer Beziehungen, dem Erlernten durch Erfahrungen, der Imitation unseres Umfeldes und das alles von unserer Geburt an bis zum Tod

Reize

Doch was genau geschieht nun in unseren Beziehungen, damit unsere Programme aufgespielt und Erfahrungen gesammelt werden, die uns prägen und somit aus uns einen individuellen Menschen machen, der ständig auf diese Erfahrungen zurückgreifen kann? Nun, dazu benötigen wir zunächst einmal Reize.

Reize, die unsere Sinnesorgane wahrnehmen können. Reize, die wir fühlen, sehen, hören, die wir schmecken können. Dabei haben wir Glück, denn wir werden geradezu überschüttet mit Reizen und das von Anfang an. Überschüttet im wahrsten Sinne des Wortes, denn alleine in einem einzigen Augenblick nehmen wir alleine in unserem Unterbewusstsein einige Millionen Informationen nur über unsere Sinnesorgane auf.

Allerdings sind diese nicht immer für uns interessant. Stellen Sie sich zum Beispiel eine Raufasertapete vor. Sie werden alleine bei diesem Anblick die Struktur mit allen Fasern erfassen. Sie sehen alles, trotzdem werden Sie nur einen Augenblick später nicht mehr wissen, wie diese Struktur ausgesehen hat. Es wird als ein Reiz abgespeichert, nämlich, dass es sich um eine Raufasertapete handelt. Jedes weitere Merkmal ist für uns uninteressant und wird quasi umgehend gelöscht. Das ist auch gut so, denn ansonsten würden wir aufgrund der alltäglichen Reizüberflutung was das Speichern von Informationen anbelangt sehr schnell an unsere Grenzen gelangen. Gespeichert wird also erst einmal das, was für unser Leben ausreicht, beziehungsweise das, was uns in irgendeiner Form interessant vorkommt.

Was genau bei uns den Ausschlag dafür gibt, was wir interessant oder uninteressant finden, darüber können wir nur mutmaßen. Das tun Eltern auch, ebenso Verwandte und Bekannte. So überhäufen sie den neuen Erdenbewohner von Anfang an mit Kuscheltieren, Mobiles, Puppen und anderen Spielsachen, die von den Eltern entweder nach ein paar Wochen im Keller in einem Karton verstaut, oder aber irgendwann wenn die Zeit gekommen ist in dem großen schwarzen Sammelbehälter gelagert werden, der in der Regel alle zwei Wochen geleert wird.

Doch einige dieser Sachen bleiben eine Zeitlang bei dem Kind. Zum einen die, für die sich das Kind am meisten zu interessiert scheint und mit denen es sich tatsächlich beschäftigt. Zum anderen aber gerade auch die Dinge, die für unsere Eltern einen besonderen Reiz haben oder ihren Vorstellungen am ehesten entsprechen. Damit soll ihr Sprössling spielen. Kriegsspielzeug, Plastikwaffen oder Minisoldaten werden so oftmals von vornherein aus dem Kinderzimmer verbannt, genauso wie Plastikspielzeug oder andere Dinge, die zugegebenermaßen oft tatsächlich einfach nur Müll sind. Auch die Gestaltung des Kinderzimmers ist von unseren Eltern generalstabsmäßig geplant. Zumeist geschlechtsspezifisch, wie man es halt kennt: Rosafarbene Tapeten für die Mädchen mit Prinzessinnenbordüren, blaue für die Jungs mit Automobilen oder Fußbällen.

Egal, wo wir also hingucken, wir werden überall Reizen ausgesetzt und unsere Eltern bestimmen von Anfang an, welche das sind.

Nun gibt es eine Studie[1], bei der untersucht worden ist, ob neben der Prägung durch frühkindliche Reize vielleicht doch noch irgendetwas Anderes eine Rolle spielt, wenn es darum geht, welche Reize uns am ehesten interessieren. Dabei wurde bei Mädchen und Jungen im Alter zwischen neun Monaten und drei Jahren versucht, herauszufinden, ob das Geschlecht einen Einfluss auf die Wahl zwischen Puppe oder Auto hat. Dies wurde von den Forschern nach Beendigung der Studie bejaht. Wir können also gar nichts für unsere Vorlieben, sie sind uns in die Wiege gelegt. Zumindest dann, wenn wir dieser Studie glauben.

Ich habe da allerdings meine Zweifel, ich hoffe sogar inständig, dass diese Studie nicht repräsentativ ist. Denn das würde bedeuten, dass die kleinen Probanden in ihren ersten Jahren in einem, wahrscheinlich sterilem Zimmer ohne jeglichen Kontakt zur Außenwelt aufgewachsen wären. Denn nur dann wären frühkindliche, geschlechtsspezifische Prägungen durch die Eltern bei den untersuchten Kindern ausgeschlossen und das Ergebnis als solches irgendwie nachvollziehbar und repräsentativ. Die Studie fand jedoch in einem Kindergarten statt, mindestens neun Monate nach der Geburt.

An einer weiteren Studie[2], die das Ergebnis der erstgenannten vermeintlich bestätigte, wurde erklärt, dass für unsere genetische Spielzeugselektion wahrscheinlich die Androgene verantwortlich seien. Konkret das Geschlechtshormon Testosteron. Begründet wurde dies, dass Mädchen, die im Mutterleib vermehrt dem männlichen Geschlechtshor-

---

[1] vgl. Brenda K. Todd, „Preferences for „Gender-typed" Toys in Boys and Girls Aged 9 to 32 Months" (veröffentlicht in „Journal of Infant and Child Development")

[2] vgl. Catherine L. Leveroni, „Early Androgen Effects on Interest in Infants: Evidence From Children With Congenital Adrenal Hyperplasia"

mon ausgesetzt gewesen seien, auffällig oft Verhaltensweisen an den Tag legten, die eher den Jungen zugeordnet werden.

Jetzt weiß ich natürlich nicht, auf wie viele Mädchen eine
derartige hormonelle „Anomalie" zutrifft. Doch, wenn ich
mich beispielsweise an meine Grundschulzeit erinnere, dann
wurde ich insgesamt von drei Mädchen aus meiner Klasse
verprügelt. Einfach so, scheinbar nur, weil sie es konnten. Insofern habe ich aus diesen ganz persönlichen Gründen im
Hinblick von Unterschieden von Männern und Frauen auch
an der Aussagekraft dieser Studie einige Zweifel. Zwar ist es
nicht von der Hand zu weisen, dass derartige Hormonüber-
schüttungen im Mutterleib einen nicht zu verkennenden Einfluss auf unsere Entwicklung haben, aber beim Spielzeug?

Ich bin weder Soziologe noch Hirnforscher, doch es erscheint mir unter Berücksichtigung des lückenhaften Wissen-
standes bei der Entwicklung unseres Gehirns doch eher fragwürdig, ob diese Ergebnisse allgemeingültig sind. Zumindest
erklären sie wenn überhaupt nur ansatzweise die unterschiedlichen Prägungen beider Geschlechter. Es scheint somit weiterhin nur festzustehen, dass es hüben wie drüben
Unterschiede gibt.

Ich kann mich im Übrigen noch an eine Menge weiterer
Fälle erinnern, wo sich Mädchen in meiner Gegenwart "ge-
schlechtsuntypisch" verhalten haben. Das waren oft gerade
auch die „Prinzessinnen", die mit dem unschuldigen Blick und
den sauberen Kleidchen in rosa und mit Rüschen. Wenn es
dann beim Spielen mit diesen Mädchen irgendein Problem
gab, also etwas kaputtging oder man sich stritt, war das, was
folgte oft von vornherein klar:

Die Schuld bekamen immer wir Jungs. Egal, was tatsächlich geschehen war oder was wir sagten. Denn gegen eines hatten wir keine Chance, die Tränen dieser Mädchen. Ich bin bestimmt kein Mensch mit vielen Vorurteilen gegenüber dem anderen Geschlecht, aber in einem bin ich mir sicher: Der Verdacht, dass manche Frauen Weinen bewusst einsetzen können, um ihre Ziele zu erreichen, hat sich für mich schon in diesen Zeiten bestätigt. Aber Gott sei Dank haben nicht alle Eltern ihren weiblichen Nachwuchs von vornherein für vollkommen unschuldig gehalten. Folglich hat wohl auch nur ein kleiner Teil der Frauen diese fragwürdige Erfahrung im Kindesalter gelernt und wendet sie heute noch an.

Doch wie man an diesem Beispiel erneut ganz gut sehen kann, reichen Reize durch bestimmtes Spielzeug oder Situationen im Hinblick auf unsere persönlichen Lernerfahrungen alleine nicht aus. Dabei ist es auch nicht groß von Bedeutung, ob wir den Reiz durch unser Verhalten selber setzen oder ob wir einen Reiz von außen wahrnehmen. Wir brauchen also immer auch jemanden, der auf unseren Reiz eine bestimmte Reaktion zeigt. Oder etwas, das uns sagt oder erklärt, was dieser Reiz eigentlich ist.

Stellen Sie sich nur mal vor, wie es wäre, wenn Sie auf einem fremden Planeten angekommen wären. Sie würden wahrscheinlich tausende neue und fremde Gegenstände sehen. Aber wenn Ihnen niemand beibringen würde, wie sie heißen und wie man mit ihnen umgeht, hätten sie ein Problem. Wahrscheinlich würden Sie nie wirklich erfahren, wozu das Ganze da ist. Die Sachen, für die Sie sich am meisten interessieren würden, sähen Sie sich wahrscheinlich genauer an. Sie würden sich damit beschäftigen und vielleicht irgendwann eine Funktion herausfinden. So wird dann vielleicht aus einer Gabel schnell ein Dingelhopper mit dem man sich die Haare frisiert[3]. Es werden also zusätzlich zu den Reizen Informationen benötigt, damit wir sie richtig zuordnen und abspeichern können. Wir brauchen jemanden, der uns diese Reize auch erklärt, wenn wir sie uns nicht selbst und damit aller Wahrscheinlichkeit unzureichend erklären wollen.

Dies ist somit der zweite Baustein des Erfahrens, bei dem anfänglich erst einmal nur unser direktes Umfeld, genauer gesagt zumeist unsere Eltern beteiligt sind. Mit anderen Worten, die Menschen in unserem Leben, die für eine Vorauswahl unserer Reize gesorgt haben, beglücken uns jetzt mit ihren subjektiven Erklärungen der Dinge.

Vielleicht denken Sie jetzt „Moment mal, wieso subjektiv, ein Ball ist ein Ball und ein Hund ist ein Hund". Nun, ist ein „Hund" denn wirklich nur ein „Hund"? Für Sie vielleicht. Wenn man jedoch zu den Kindern gehört, bei denen ein Elternteil von einem Hund gebissen worden ist, dann wird man wohl die Angst dieses Elternteils in die Erklärung mit eingebaut bekommen haben. Während also die meisten Menschen diese Tiere als ihren treusten Freund empfinden, könnte er für Sie eine Art Monster sein, obwohl Sie selbst niemals negative Erfahrungen mit Hunden gemacht haben.

Ich denke mal, dass Ihnen eine solche Übertragung von Ängsten, die in der Psychologie alles andere als unbekannt ist, schon mal irgendwo vorgekommen ist. Aber ich habe hier nur von einem einzigen Beispiel geredet. Nun stellen Sie sich

---

[3] aus „Arielle die Meerjungfrau", Disney Pictures 1989

vor, dass diese Subjektivität in nahezu *allen* Erklärungen Ihrer Eltern mitschwingen. Erkennen Sie das mögliche Ausmaß im Bezug auf Ihre ganz persönliche Wahrheit?

Zudem erfolgen subjektive Prägungen sehr oft auch dadurch, indem wir unbewusst Verhaltensweisen imitieren und in unsere Erfahrungen mit einbauen. Wenn Ihre Eltern beispielsweise öfter nackt durch die Wohnung gelaufen sind (zugegeben zum wiederholten Male ein Bild, welches man nun gerne wieder aus seinem Kopf haben möchte), dann werden Sie der Nacktheit weniger verschlossen gegenüber sein. Es wird Ihnen auch im Erwachsenenalter normal vorkommen.

Wenn Sie Glück hatten und ihre Eltern zumindest mit Unterwäsche bekleidet waren, so werden sie wahrscheinlich schon etwas weniger offen mit dieser Thematik umgehen. Wenn es normal bei Ihnen war, dass man immer nur bekleidet durch die Wohnung ging, dann werden Sie nun eher vermeiden wollen, dass Sie jemand nackt sieht. Ganz die Mama oder der Papa eben. Uns wird ganz ohne Worte etwas beigebracht, und wir lernen es, weil wir es einfach kopieren.

Nun, haben Sie keine Angst, es ist natürlich nicht alles schlecht. Wir dürfen im Regelfall davon ausgehen, dass unsere Eltern uns die Dinge nach besten Wissen und Gewissen so erklärt haben, wie sie dachten, dass es objektiv jeder erklären würde. Sie werden sich auch bewusst nie so verhalten haben, dass sie wollten, dass sie beim Sex lieber das Licht ausgeschaltet lassen. Aber egal, wie wir es drehen und wenden, es wird fast immer eine Bewertung der Dinge durch sie erfolgt sein. Und diese verleihen einer Menge direkten oder indirekten Erklärungen von Reizen einen subjektiven Touch. Demnach bleibt ein „Ball" zwar ein „Ball", aber ein Hundehaufen bleibt zunächst für uns ein „Pfui".

Doch an diesem simplen "Pfui" kann man noch eine weitere interessante Feststellung hinsichtlich des Erlernens von Erfahrungen feststellen. Ein interessanter Reiz ist etwas Tolles, und eine Erklärung desselben kann auch ausreichend sein, damit wir etwas lernen. Aber oftmals mussten wir auch selber ran, nämlich dann, wenn uns die Reihenfolge "Reiz - Erklärung" in irgendeiner Form nicht ausgereicht hat.

Manchmal fehlt einfach die eigene Erfahrung. Man könnte den Eindruck gewinnen, dass die Art und Weise einer Erklärung, zum Beispiel eine etwas Lautere, bei der ein Hauch der Verzweiflung und Ekel im Ton mitschwingt oder aber auch die Erklärung vor dem wahrgenommenen Reiz für uns etwas Besonderes signalisieren. Dieser Reiz wird also überhaupt erst durch die Erklärung für uns interessant. In diesem Fall müssen wir halt nun selber ran. Oder gehörten Sie zu den Kindern, die sich damals an alles gehalten haben? Zum Beispiel als Ihnen gesagt wurde, dass die Herdplatte auf gar keinen Fall berührt werden dürfe, obwohl wir diese vorher vermutlich überhaupt nicht wahrgenommen haben? In der Regel deswegen, weil wir einfach zu klein waren, um diese zu erkennen. Gut, in den meisten Fällen wird uns der Begriff „heiß" schon vorher in irgendeinem Zusammenhang erklärt worden sein. Aber als wir in das Kerzenlicht hineingriffen, da hatten wir doch noch dieses unschöne Gefühl, was wir relativ schnell als Schmerz wahrgenommen hatten. Diese Empfindung fehlt nun aber, weswegen wir vielleicht in unserem kindlichen Denken die These aufstellen, dass es verschiedene „heiß" gibt. So wie es ja auch zwei Reaktionen unserer Eltern gab, wenn wir entweder ins Töpfchen oder aber ins Bett gemacht haben. Also ran an die Platte!

Es scheint also so zu sein, dass bestimmte unzulängliche Erklärungen, oder solche, die vor dem Reiz gesetzt wurden, in unserem Lernprozess eine Abweichung darstellen und nach einer Komplettierung durch eigenes Handeln verlangen. Anders ausgedrückt, wir beginnen wohl recht früh damit, nicht alles zu glauben, was uns gesagt wird. Schon gar nicht das, was uns unsere Eltern sagen. Das könnte daran liegen, dass wir sehr schnell in unserem Leben die Erfahrung machen, dass das, was sie uns sagen, nicht immer stimmt. Oder es trifft nicht ein. Zum Beispiel dann, wenn Eltern im Vorhinein ein bestimmtes, von Ihnen unerwünschtes Verhalten mit irgendeiner Konsequenz in Verbindung bringen, die dann nicht erfolgt. Sei es, weil sie diese im Nachhinein als zu hart empfinden oder gar, weil sie sie einfach nur so dahingesagt haben, weil sie irgendetwas nicht wollten und dadurch hofften, dass das Kind folgt. In solchen Situationen machen Kinder eine wichtige Erfahrung: Das, was Mama oder Papa sagen, trifft nicht immer zu. Wenn Sie sich also wundern, dass Ihr Sprössling so gar nicht auf Ihre Ratschläge hören will oder das tut, was Sie von ihm verlangen, könnte das daran liegen, dass sie ihm durch ihre eigene Inkonsequenz beigebracht haben, ihnen gegenüber misstrauisch zu sein. Zumindest, was den Wahrheitsgehalt ihrer Ansprachen betrifft.

Doch nicht nur derartige Abweichungen von dem normalen Lernprozess verkomplizieren das Erlernen von neuen Erfahrungen. Denn im weiteren Verlauf unseres noch jungen Lebens kommen nun immer mehr Personen dazu, die uns durch ihr Verhalten Reize setzen und durch ihre subjektiven Meinungen und Erklärungen prägen. Beispielsweise die Erzieher in den Kindergärten. Menschen also, die teilweise jedweden Erziehungsauftrag verneinen. Ich habe das im Übrigen

exakt so in einem Gespräch von einer Erzieherin gesagt bekommen, „sie hätte keinen Erziehungsauftrag, da dieser ausschließlich bei den Eltern liegt". Was bleibt dieser Frau anderes übrig, als irgendwann eine berufliche Sinnkrise zu bekommen? Sie meinte aber dennoch mir sagen zu müssen, was
denn nun als Belag für meine Kinder erlaubt sei und was
nicht. Ehrlich gesagt will ich mir gar nicht ausmalen, was einige Erzieher heutzutage alles unseren Kindern beibringen.

Das Zeitalter der hormonellen Umstellung

So richtig spannend wird es dann aber in der Pubertät. Denn nun verliert der Einfluss der Eltern noch mehr an Bedeutung. Das beginnt zumeist dann, wenn wir lernen, Situationen objektiv, quasi von einer Metaebene aus zu betrachten. Dazu sind kleine Kinder nämlich gar nicht in der Lage. Diese wollen die Schüppe nur, weil sie sie im Sandkasten benötigen. Sie wollen alles um des Wollens Willen, weil sie es im Moment einfach gerne hätten.

Im großen Zeitalter der beginnenden hormonellen Umstellung möchten die Kinder jetzt die Schüppe haben, weil sie glauben, dass sie ihnen im Gegensatz zu dem Anderen zusteht, weil sie viel besser zu ihnen passt, weil sie besser damit umgehen können oder auch, weil sie zum Club derer gehören wollen, die eine Schüppe besitzen. Sie beurteilen nun also Situationen, allerdings nur aus einer Art subjektiven Objektivität heraus.

Nicht zuletzt auch wegen dieser neuen Erfahrung, nämlich Dinge oder Situationen mehr oder weniger objektiv beurteilen zu können, kann es nun was das Sammeln von Erfahrungen betrifft, drunter und drüber gehen. Wie Sie sich wahrscheinlich bereits denken können, sind die Ursachen hierfür wieder einmal in unseren frühkindlichen Erfahrungen zu finden. Denn auch unsere neu gewonnene „subjektive" Objektivität ist nichts anderes als die Fortführung unserer bisherigen Prägungen.

Stellen Sie sich einfach einmal folgendes Szenario vor: Eltern setzen ihr Kind in jungen Jahren regelmäßig vor dem Fernseher, damit sie selbst etwas Ruhe vom stressigen Alltag bekommen und darüber nachdenken können, wie sie vielleicht bessere Eltern werden. Doch zwischen den ganzen niedlichen Zeichentrickfiguren verfolgen dubiose Spielzeug-Firmen einen perfiden Plan. Sie wollen, dass die Kinder ihre Produkte wollen. Die Kinder wollen diese Produkte auch. Denn die Kinder im Fernsehen, die mit diesen Produkten spielen, die lächeln immer und haben viel Spaß. Wahrscheinlich, weil sie diese Produkte haben und nicht den ganzen Tag vor dem Fernseher sitzen.

Ein solches Kind lernt also, dass das Leben wohl erst dann richtig Spaß macht, wenn es diese Produkte auch hat.

Es fasst also seinerseits einen perfiden Plan. Es gibt fortan nicht eher Ruhe, bis es diese Produkte endlich bekommen hat, um sie dann ein paar Tage später in einer beliebigen Ecke seines Zimmers zu stellen. Von dort aus können diese dann, zumindest, wenn sie Glück haben, zusehen, wie das Kind wieder vor den Fernseher sitzt, wo es wieder diese ganzen niedlichen Zeichentrickfiguren sehen kann. Selbstverständlich auch die neuen Produkte.

Um ein wenig Ruhe zu bekommen ist solch ein Weg teuer. Sehr teuer. Sie können sich gar nicht vorstellen, wie teuer. Denn solche Kinder werden schon sehr früh zu Konsumenten herangezogen. Sie lernen, dass ihnen immer dann, wenn ihnen etwas gekauft wird, zumeist aufgrund eines unterbewussten schlechten Gewissens der Eltern, für einen kleinen Moment Aufmerksamkeit zuteilwird.

Sie lernen, dass sie alles bekommen, was sie wollen, und alles, was sie investieren müssen ist ein wenig weinen, jammern und schreien. Sie lernen, dass es gut ist, „Sachen" zu haben.

Jetzt, in der Pubertät angelangt könnte es nun passieren, dass sie aufgrund ihrer gerade neu erworbenen subjektiven Objektivität glauben, dass es aufgrund ihrer bisherigen Erfahrungen schlecht sein muss, keine Sachen zu haben. Oder besser gesagt, es ist schlecht, nicht die richtigen Sachen zu haben. Somit sind dann vielleicht auch alle Kinder schlecht, die nicht die richtigen Sachen haben. Wer also die Aufmerksamkeit von solchen Kindern will, der muss sich diese Sachen auch kaufen.

Halten Sie das, was nun folgen kann für unwahrscheinlich? Vernachlässigte Kinder von überforderten Eltern, die kaum Zeit für sie hatten und sie vor den Fernseher setzten, könnten nun bestimmen, was „In" ist und wer dazu gehört.

Viele Kinder würden wohl etwas Derartiges tatsächlich auch zulassen. Denn andernfalls würden sie Ablehnung erfahren, und das in einer Zeit, in der man sich gerade von den eigenen Eltern etwas abkapselt und sich Gleichaltrigen als neuen sozialen Fixpunkt im Leben annähert. So sammeln Jugendliche also die Erfahrung, dass man nur dann etwas zählt, wenn man die richtigen Klamotten und das richtige Handy hat. Selbstwert ade, willkommen Konsumgesellschaft!

Wir sind aber noch nicht am Ende dieser möglichen Kausalkette angelangt. Denn auch die Eltern tragen wieder ihren Teil dazu bei, dass genau die „richtigen Reize" gesetzt und die entsprechenden Erfahrungen abgespeichert werden.

Denn beispielsweise als Gegenleistung zur Finanzierung der gewünschten Luxusgüter könnten nun gute Schulleistungen eingefordert werden.

Dies wäre sicherlich ein hervorragender Schachzug, denn derartige Forderungen führen bei einem Kind regelmäßig dazu, dass es die Erfahrung sammelt, dass es nur für die Schule lernt, damit die Eltern zufrieden sind und diese ihm die Artikel kaufen, die für ihr Ansehen bei Gleichaltrigen sorgen.

Da sich Kinder in der Pubertät aber oftmals auf dem Feldzug gegen die eigenen Eltern befinden, nehmen sie zwar dankend Geld und weitere Annehmlichkeiten entgegen, lassen aber in der Schule leistungsmäßig nach. Einfach, um den Eltern eins auszuwischen. Denn leider haben sie aufgrund der brillanten „quid-pro quo-Taktik" der Eltern nicht die Erfahrung sammeln können, dass sie für sich in die Schule gehen und lernen.

Geben Sie es zu, dieses Beispiel ist alles andere als unrealistisch. Zumindest denke ich, dass es so oder so ähnlich viele Male abläuft. Doch es gibt sicherlich noch viele andere mögliche Wege uns beizubringen, dass wir unseren Wert nur über materielle Dinge darstellen können. Was für ein unglaublicher Irrweg, und wir können noch nicht einmal etwas dafür. Wir wurden so gemacht.

Ein anderes Beispiel für derartige aus dem Ruder laufenden Lernerfahrungen stellt ein weiterer Klassiker der Kindererziehung dar: Räum Dein Zimmer auf! Elterngeneration um Elterngeneration stellt sich heroisch diesem scheinbar nicht zu gewinnenden Kampf gegen die eigenen Sprösslinge. Immer und immer wieder reden sie, immer und immer wieder werden sie enttäuscht. Viele Eltern bilden sich daher ein, mit Strenge ihrem Begehren Nachdruck verleihen zu müssen. Stubenarrest und Fernsehverbot waren es in meiner Generation, heute wird das Smartphone entzogen und das Internet gesperrt. Es werden sich Schlachtpläne ausgedacht, wie man das Kind endlich zur Ordnung erziehen könnte. Doch es scheint ein aussichtsloser Kampf zu sein.

Ich habe hierzu schon Vieles gehört, und das Meiste davon ließ mich schmunzeln. Da war beispielsweise das Mädchen, dass zwischen den sauberen Anziehsachen im Schrank ihre Essensreste versteckte und den Platz unter ihrem Bett als zusätzlichen Müllcontainer nutzte. Dies selbstverständlich ohne Wissen der Eltern, die, als sie diese Verhaltensweise entdeckten, zunächst einmal an nicht verarbeitete psychische Probleme ihrer Tochter dachten. Oder der 15-jährige Sohn, der die ewige Forderung nach Ordnung durch seine Mutter immer mehr nervte und der ihr entgegenhielt, dass es schließlich sein Zimmer sei, und er selbst mit dem vorhandenen Chaos durchaus leben konnte. Was glauben Sie, haben diese beiden Jugendlichen für Erfahrungen gesammelt, die sie vielleicht ihr gesamtes Leben begleiten werden? Das Mädchen war es offensichtlich leid, permanent auf die Unordnung angesprochen zu werden. Also verhielt sie sich nach dem Motto „aus den Augen aus dem Sinn" und erreichte somit auch ihr Ziel. Sie lernte die Erfahrung, dass es reicht, Dinge zu verheimlichen oder zu vertuschen um das zu erreichen, was sie wollte. Dafür wird sie dann gegebenenfalls in ihrem weiteren Leben von anderen Menschen als Lügnerin bezeichnet werden. Obwohl sie eigentlich nichts dafür kann.

Der Junge wiederum lernt, dass „Ordnung nervt". Oder vielmehr die Forderung nach der selbigen. Es wäre wahrscheinlich nicht verwunderlich, wenn er sich später eine Partnerin sucht, mit der seine Mutter so gar nichts anfangen kann. Weil sie „in so vielen Dingen unordentlich und schmutzig ist, und somit so gar nicht zu ihrem Sohn passt". Eine weitere komplizierte Schwiegermutter-Schwiegertochter-Beziehung könnte also hier in der Pubertät seinen Anfang genommen haben.

Sie werden ihre Kinder nur dann dazu bewegen, in ihrem Zimmer nachhaltig Ordnung zu halten, wenn diese für sie selbst wichtig geworden ist. Denn erst, wenn das unaufgeräumte Zimmer für sie selbst ein Problem darstellt, besteht die Chance, dass sie ordentlich werden.

Doch ein Patentrezept, wie Eltern die eigenen Kinder zu diesem Punkt führen können gibt, es wohl nicht. Das hängt ganz alleine von den bisherigen, subjektiven Erfahrungen der Kinder ab. Falsch ist es in jedem Fall, das Aufräumen für sie zu übernehmen. Ich erinnere mich da an eine Situation, die mir meine Tochter einmal von ihrer Freundin erzählte, als sie zwölf war. Deren Mutter forderte sie mehrmals auf, ihr Zimmer aufzuräumen. Als dies nicht geschah, sorgte die Mutter selbst im Zimmer ihrer Tochter für Ordnung. Als diese dann das Zimmer nach getaner Arbeit wieder verlassen hatte, sagte das Mädchen zu meiner Tochter, dass das Problem der Unordnung sich für sie wiedermal von selbst gelöst hätte. Um das noch einmal klarzustellen, dieses Mädchen war ebenfalls erst zwölf Jahre alt.

Vielleicht sollte man einfach den Kindern erklären, was man genau unter dem Begriff „Aufräumen" versteht und warum man möchte, dass etwas Ordnung im Zimmer herrscht.

Oder wissen Sie immer, was ein anderer Mensch, beispielsweise Ihr Chef, möchte, wenn er Ihnen eine aus seiner Sicht klare Anweisung erteilt? Woher sollen also unsere Kinder wissen, was wir uns bei den Dingen, die wir ihnen sagen in unserem Kopf vorstellen? Sie setzen diesen Reiz, also sorgen sie auch für die notwendige Erklärung. Ansonsten ist die Gefahr groß, dass diese Erfahrung im Denken ihres Kindes falsch abgespeichert wird.

Die Medien-Eltern

Je mehr wir in der Folge vom Kind zum Jugendlichen und schließlich zum Erwachsenen werden, desto weniger vertrauen wir den Erklärungen unserer Eltern. Spätestens in der Pubertät versuchen wir uns von ihnen abzukapseln und unseren eigenen Weg zu finden. Zumeist unterstützt von Freunden, von denen wir glauben, dass sie so denken wie wir. Mit zunehmendem Alter ändert sich somit unser soziales Umfeld und wir lernen neue Menschen kennen, die wir imitieren und von denen wir glauben, dass sie uns etwas beibringen können. Allerdings reicht der Arm unserer Eltern auch in diesen Bereich hinein, da sie ihn zumindest teilweise durch den gewählten Wohnort oder der ausgesuchten Schule im Vorfeld etwas eingegrenzt haben.

Doch auch etwas Anderes gewinnt in unserem Leben zunehmend an Bedeutung. Etwas, dass wie es scheint hervorragend dazu geeignet ist, uns Dinge, die wir noch nicht kennen oder nicht verstehen, zu erklären. Ich spreche von den Medien, denen wir uns nur äußerst schwer entziehen können. Doch dieses „neue" Instrument für Erklärungen beeinflusst unser Leben noch nicht sehr lange.

Denn vor ungefähr 200 Jahren hatten die damals bereits vorhandenen Medien nur einen sehr geringen Einfluss auf uns. Zu diesem Zeitpunkt befand sich die Menschheit mitten im Zeitalter der Industrialisierung. Eine Welt so wie die unsere heute war noch in weiter Ferne. Sie wäre uns damals wahrscheinlich sogar äußerst utopisch vorgekommen, wenn uns jemand davon erzählt hätte. Probleme in der nächsten Ortschaft, im nächsten Land oder gar auf der anderen Seite des Planeten spielten für die meisten Menschen damals wohl gar keine Rolle. Somit haben sie sich darüber wohl auch keine Meinung gebildet. Alles war weit weg und half so gar nicht bei unseren alltäglichen Problemen.

In dieser Zeit wird es wohl in der Hauptsache darum gegangen sein, sich und die eigene Familie irgendwie über Wasser zu halten. Sie lebten größtenteils in kargen Behausungen und der Mikrokosmos ihres Lebens beschränkte sich auf sich selbst und die angrenzende Nachbarschaft. Aber auch dieser recht überschaubare Lebensraum wurde stets aus der eigenen, subjektiven Sicht jedes Individuums betrachtet. Denn die Informationen aus diesem eher kleinen Umfeld wurden genauso von eigenen Erfahrungen gefiltert und bewertet, wie sie es heute auch werden. Die Menschen beurteilten sich eben immer schon aufgrund ihrer subjektiven Einschätzung. Wie sollte es auch anders möglich sein? Doch die Wahrscheinlichkeit, dass auch die Menschen in dieser damaligen Zeit falsch lagen, ist sehr groß. Einfach, weil man auch damals nicht alle Umstände kannte, die uns erklären konnten, weswegen Menschen so handelten, wie sie es tun.

Heute kennen wir die Frisuren von fragwürdigen Staatsoberhäuptern in fernen Ländern und spekulieren mit Aktien von Unternehmen, mit deren Hilfe irgendwo auf der Erde irgendeine Mauer gebaut oder innovative Neuerungen erschaffen werden.

Informationen darüber bekommen wir von überall her, aus dem Fernsehen, dem Radio, dem Internet, der Zeitung. Wir nutzen unsere Erfahrungen und unsere Prägungen dazu, die Nachrichten aus den Medien zu bewerten und uns eine vermeintlich eigene Meinung darüber zu bilden, um somit unsere subjektive Wahrheit zu erweitern.

Doch auch, wenn der Fundus an Informationen heute unendlich größer ist, als noch vor 200 Jahren, so werden wir wie damals unsere Eindrücke von dem, was wir denn glauben da erfahren zu haben, in unserem Freundeskreis kundtun. So tragen wir dazu bei, dass unsere subjektiven Wahrheiten im kleinen Kreis verbreitet werden. Wenn wir dabei auf ähnliche Ansichten treffen, dann wird für uns das, was wir erfahren haben, zu einer Art Wahrheit. Denn wenn nicht nur eine, sondern mehrere Personen etwas als „Wahr" ansehen, dann entwickelt sich eine Art „Erfahrungsdynamik". Man hört etwas, denkt etwas darüber aufgrund seiner bisherigen Erfahrungen, erkennt, dass Andere es offenbar genau so sehen und speichert es somit als wahr ab. Denn viele Meinungen können sich nicht irren. Denken wir zumindest.

Problematisch ist hierbei allerdings, dass unsere subjektive Wahrheit nicht mehr nur auf bewerteten Erfahrungen von unseren Eltern oder uns selbst beruhen, sondern wir diese ebenfalls aus einer subjektiven „objektiven Quelle" übernehmen. Denn die Dinge, die uns in den Nachrichtensendungen oder in der Zeitung geschildert werden, sind Beiträge von Menschen, die ihrerseits das, was sie eventuell selbst erlebt, oder sogar noch aus einer anderen Quelle übernommen haben, subjektiv auf Basis ihrer Erfahrungen bewertet haben.

Wenn wir also irgendwoher Informationen erhalten und diese dann noch zusätzlich mittels unserer eigenen Erfahrungen filtern, ist es in etwa so wie mit dem Spiel „Stille Post". Einer denkt sich einen Satz aus und flüstert einem anderen diesen Satz einmal ins Ohr. Dieser flüstert dann das, was er verstanden hat ebenfalls einer anderen Person ins Ohr. Wenn dieser Satz dann auf diese Art und Weise bei dem letzten Teilnehmer angekommen ist, spricht dieser laut das aus, was bei ihm angekommen ist. In der Regel hat das mit dem ursprünglich erdachten Satz nicht mehr ganz so viel zu tun. Warum? Weil hier ganz viele subjektive Komponenten eine Rolle spielen. Zum einen das Hörvermögen oder die Lautstärke des Flüsterns, zum anderen aber auch der Wortschatz oder die Deutung der Wörter.

Was bedeutet das nun? Nun, wenn am anderen Ende der Welt ein Mensch aufgrund seiner Erfahrung und seiner subjektiven Wahrheit ein Ereignis aus seiner Sicht bewertet und dieses dann einem anderen erzählt, der diese subjektive Bewertung ebenfalls wieder subjektiv bewertet, was glauben Sie, wieviel Wirklichkeit am Ende dabei herauskommt?

Ein Beispiel dazu. Durch einen Zufall habe ich nach den Vorfällen am Silvesterabend 2015 in Köln, bei denen mehrere hundert Frauen durch Gruppen von nordafrikanischen Männern sexuell belästigt und teilweise auch ihrer Handys beraubt worden sein sollen, ein Telefonat mit einem Redakteur einer großen Kölner Zeitung mitbekommen, der sich mit diesem Thema beschäftigte und bereits mehrere Berichte und Kommentare dazu veröffentlicht hatte.

Es ging bei diesem Gespräch um seine Quellen und vor allem um die Frage, ob er für seine Recherchen Zugang zu den Videoaufnahmen diverser umliegender Geschäfte bekommen hatte. Selbstverständlich wollte er hierüber keine klare Aussage machen. Er wirkte auch sehr genervt, seine Arbeit gegenüber einem „normalen Menschen" zu rechtfertigen.

Allerdings gab er in einem Nebensatz, wahrscheinlich eher

versehentlich, zu, dass er keinerlei Bildmaterial gesehen habe. In der Hauptsache basierten seine „Ermittlungen" somit auf dem, was über die Presseagenturen veröffentlicht wurde. Zudem auf Aussagen möglicherweise beteiligter Personen. So wurden dann eben, wie man heute weiß, aus den genannten Nordafrikanern, die die Silvesternacht in Köln quasi als eine Art Happening nutzten, um danach wieder zurück in ihre Heimat zu fahren, Flüchtlinge, die sich nicht benehmen können.

Verstehen Sie mich nicht falsch, ich werfe diesem Redakteur oder anderen Mitarbeitern der Medien ganz sicher nicht vor, die Öffentlichkeit bewusst mit Falschinformationen zu versorgen. Dies tun wahrscheinlich nur die 12,6% der Deutschen, die offenkundig in ihrem Leben nur sehr wenige Erfahrungen gesammelt haben, und oftmals von der „Lügenpresse" sprechen.

Nein, dieser Redakteur hat nur das gemacht, was wir alle tun. Wir sehen oder hören von Dingen und bewerten sie aufgrund unserer bisher erlangten subjektiven Erfahrungen. Das ist dann unsere Wahrheit und diese Wahrheit können wir problemlos als wahr vertreten. Wir glauben ja tatsächlich, dass diese Wahrheit auch der Wirklichkeit entspricht. Denn andere Menschen sehen es ja genauso.

Doch nicht nur an dem genannten Beispiel kann man erkennen, dass gerade auch das, wovon die Medien Berichten nicht immer so ist, wie es auf den ersten Blick erscheint.

Nehmen wir als weiteres Beispiel die Vorfälle beim G20-Gipfel in Hamburg 2017. Randalierende Horden ziehen durch die Stadt und hinterlassen in vielen Straßen Verwüstung und brennende Autos. Verantwortlich dafür ist der „Schwarze Block", der aus Linksautonomen aus ganz Europa bestehen soll. Versuchen Sie sich bitte jetzt einmal daran zu erinnern, als Sie das erste Mal von diesen schrecklichen Vorfällen in den Medien gehört haben. Was hätten Sie darüber gedacht, wenn Ihnen gesagt worden wäre, dass der „Schwarze Block" aus Mitgliedern des Hühnerzüchterverbandes Niedersachsen bestehen würde? OK, das klingt irgendwie seltsam, aber warum sollte es nicht möglich gewesen sein?

Genau darin besteht das Problem: Die Erklärung für Dinge, die wir in den Medien präsentiert bekommen, können, *müssen* aber nicht richtig sein. Es ist schlichtweg abhängig davon, welche Erklärungen vor Ort genannt werden. Für uns normale Menschen ist es in der Regel überhaupt nicht möglich, den Wahrheitsgehalt im Hinblick auf die Wirklichkeit zu überprüfen. Wir glauben also zum Großteil das, was jemand anderes bereits aus seiner subjektiven Sicht geschlussfolgert hat oder was ihm von einer anderen, subjektiven Stelle gesagt worden ist.

Nein, es ist nicht wahrscheinlich, dass der Hühnerzüchterverband etwas mit den Ausschreitungen zu tun gehabt hat. Doch wir wissen auch eben so wenig, ob es sich tatsächlich um autonome Linke gehandelt hat. Letztlich könnte es sich auch einfach um gewaltbereite, frustrierte Jugendliche aus aller Herren Länder gehandelt haben, die weder mit Politik, noch mit Hühnern etwas zu tun haben. Erklärungen durch Medien sind somit noch subjektiver geprägt als die durch unsere Eltern, einfach, weil noch mehr unterschiedliche Personen an der Verbreitung dieser Informationen beteiligt sind.

Ich gehöre im Übrigen nicht zu den Menschen, die glauben, dass wir durch die Medien gezielt manipuliert werden. Denn eine solche Manipulation müsste vorsätzlich betrieben werden. Ich bezweifle jedoch stark, dass jemand, der sich für den Beruf des Journalisten entschieden hat, also einen Beruf, der im Grunde genommen zur Aufklärung dienen soll, bewusst anderen Menschen Fehlinformationen liefern möchte.

Doch die Gefahr der Manipulation besteht ohne weiteres. Denn letztlich braucht es nur eine „verlässliche Quelle", die aus zumindest ihrer Sicht guten Gründen die Wirklichkeit etwas anders darstellt, weil sie aufgrund ihrer eigenen subjektiven Wahrheit der Meinung ist, dass es das Beste sei. Ob für alle oder nur für sich sei das jetzt einfach mal dahingestellt.

Für uns bedeutet dies leider einfach wieder nur, dass wir das, was wir glauben zu wissen, nicht als die eine Wirklichkeit ansehen sollten. Es sind wie bei unseren Eltern subjektive Wahrheiten, die entweder nah oder ganz weit weg von der Realität sind. Doch damit sind wir noch immer nicht am Ende mit den Gründen, die dafür Sorgen, dass wir so sind, wie wir sind.

Religionen, Kulturen und die Gesellschaft

Neben unseren Eltern, unserem sozialen Umfeld und den Medien gibt es letztlich noch ein paar weitere elementare Dinge, die unsere eigene „Wahrheit" zu dem werden lassen, was sie ist. Ein paar dieser Dinge sind jedoch untrennbar miteinander verknüpft. Oder besser gesagt, es ist schwierig, diese Dinge losgelöst voneinander zu betrachten. Es geht um die unterschiedlichen religiös geprägten Kulturen, die auch unsere Gesellschaft mitbestimmen.

Wenn man hier genauer hinguckt, kommt man zwangsläufig zu dem Schluss, dass es schlichtweg purer Zufall ist, welche „Wahrheit" wir in dieser Rubrik des Lebens verpasst bekommen. Denn trotz der Gemeinsamkeiten, welche die unterschiedlichen Kulturen auf unserem Planeten manchmal vorweisen können, gibt es doch in der Regel größere Unterschiede, die oftmals auch gerade die diversen Kulturen ausmachen. Dies kann zu Freundschaft führen, jedoch nicht selten auch dazu, dass man sich nicht mag oder sogar Kriege gegeneinander führt.

Kulturen werden in den allermeisten Fällen durch die Religion geprägt, die in der jeweiligen Gegend vorherrscht. Die jeweiligen Kulturen prägen wiederum die Gesellschaft in einem Land. Wie sehr die jeweilige Religion eine Kultur und diese dann die Gesellschaft prägt, sieht man bei uns beispielsweise auch daran, dass selbst die, die vorgeben an Nichts zu glauben, die christlichen Werte vielleicht sogar ohne es zu wissen leben. Zumeist deshalb, weil sie diese Werte von ihren Eltern vermittelt bekommen haben. Das führte dazu, dass zumindest die meisten Menschen in unserem christlich geprägten Kulturkreis versuchen, niemanden umzubringen. Aus Respekt vor dem Leben. Auch viele andere der biblischen 10 Gebote bestimmen als eine Art „Gewissen" unser Leben und prägen unseren Gerechtigkeitssinn nachhaltig. Nicht zuletzt im Übrigen auch deswegen, weil diese Werte in den Gesetzestexten der jeweiligen Gesellschaft normiert werden.

In anderen Kulturen ist dies natürlich nicht anders. Interessant wird es, wenn sich innerhalb einer Gesellschaft verschiedene Kulturen treffen. Gerade auch hier sieht man, wie sehr wir alleine dadurch geprägt werden, in einem bestimmten Kulturkreis hineingeboren zu werden.

Eine kleine Geschichte dazu. Während meiner Studienzeit arbeitete ich in der Betreuung von Menschen mit Behinderungen. Genauer gesagt in einer Familie, wo ich mich abwechselnd mit anderen zusammen und den Eltern um ein schwerstmehrfach behindertes Kind gekümmert habe. Ab und an kam auch eine Reinigungskraft, und da es dort sehr familiär und freundlich zuging, kannte und verstand man sich.

Einmal war diese Reinigungskraft, die aus Marokko stammte und infolge dessen muslimischen Glaubens war, sechs Wochen lang bei ihrer Familie in ihrem Heimatland im Urlaub. Als sie dann nach dem Urlaub wieder zum Putzen kam, strahlte sie und sah ziemlich entspannt aus. Die Begrüßung war erwartungsgemäß herzlich, und auch, wenn die Frage offensichtlich rhetorischer Art war, wurde sie dennoch gefragt, wie denn der Urlaub war. „Wunderschön" war die

Antwort. „Wir Frauen waren den gesamten Tag in der Küche und haben für die Männer gekocht".

Während ich in mich hinein grinste, fiel der Hausherrin in einem kurzen Moment der Stille langsam, aber bestimmt ihre Kinnlade nach unten. Kurz darauf verstanden die beiden Frauen die Welt nicht mehr. Während die eine sich darüber echauffierte, dass dies doch kein Urlaub, sondern Ausbeutung wäre, verstand die andere in diesem Moment überhaupt nicht, worum es jetzt ging. Denn während ein solcher Urlaub für sie genau das war, was sie in ihrer kulturellen Rolle als Frau kennen und lieben gelernt hat, bedeutete es für die andere Beteiligte, dass es offensichtlich einen Affront gegenüber der Gleichberechtigungsbewegung der Frau war. Keiner der Beiden konnte sich in die Denkweise des jeweils anderen hineindenken. Wie hätte dies auch bei den unterschiedlichen kulturellen Prägungen und Erfahrungen funktionieren sollen?

An dieser Geschichte wird deutlich, dass es uns Menschen vielleicht gerade noch so gelingt, Verständnis für unsere Nachbarn, Freunde und Verwandte aufzubringen, je weiter sich die entsprechende Person jedoch außerhalb unserer eigenen Kultur befindet, verstehen wir oftmals gar nichts mehr. Wir kennen es nicht, haben es nie gelernt und haben auch zumeist keinen Zugang zu gemachten Erfahrungen, die uns eine derart andere Sichtweise begreiflicher machen könnte. Wir haben sogar Angst vor dem Unbekannten, dem „Nicht-Erfahrenen".

Dies erklärt auch die Angst vor Ausländern oder anderen Religionen, als Beispiel sei hier nur die wachsende Angst vor einer „zunehmenden Islamisierung in Deutschland" genannt. Diese ist oftmals genau bei den Menschen vorhanden, die im

Grunde genommen gar keinen direkten Kontakt zu diesem „so bedrohlichen Teil" unserer Bevölkerung haben.

So gingen in Dresden an Spitzentagen bis zu 25.000 Menschen gegen diese „gegenwärtige Bedrohung" auf die Straße. Das, obwohl es in Dresden noch nicht einmal 900 Muslimische Mitbürger gibt. Geht man hier in ländliche Regionen, wird der ausländische Anteil an der Bevölkerung noch geringer, und je weniger es werden, desto höher ist der Hass, der diesen Menschen entgegenschlägt.

In vielen anderen deutschen Städten hat man die Erfahrung gemacht, dass die überwiegende Mehrheit der Muslime friedliebend ist. Man ist dort oft selbst mit gleichaltrigen ausländischen Kindern aufgewachsen oder lebte in der direkten Nachbarschaft miteinander. Man kennt sich, und deswegen versteht man die Menschen nicht, die soviel Angst vor dem Islam zu haben scheinen. Man hält Pegida und andere Gruppierungen dieser Art für ausländerfeindlich, faschistisch und neo-nationalsozialistisch. Aus der Sichtweise derjenigen, die in ihrem Leben „erfahren" haben, dass nicht alle Muslime „sprengstoffgürteltragende Terroristen sind, die den Islam als einzig gültige Weltreligion etablieren wollen", ist dies auch irgendwo nachvollziehbar.

Wenn man bei diesen beiden gegensätzlich erscheinenden Gruppen jedoch etwas genauer hinsieht, kann man erkennen, dass sowohl die „ausländerhassende", als auch die „nazihassende" exakt dem selben Problem gegenüberstehen. Sie haben jeweils keine Erfahrungen über bestimmte Personengruppen gesammelt und urteilen trotzdem aufgrund fehlender Erfahrungen über diese. Das, was sie nicht kennen oder nachvollziehen können, ist in ihren jeweiligen Augen falsch und bedrohlich.

Doch die Angst vor den nicht erfahrenen, fremden Kulturen, religiösen Anschauungen oder vor Andersdenkenden sitzt bei den meisten Menschen sehr tief.

Ich unterhielt mich einmal mit einer in Deutschland lebenden Muslimin über dieses Thema. Sie konnte und kann die Skepsis, die gegenüber dem Islam in unserem Land, in Europa und anderen Teilen der Welt vorherrscht, nur bedingt nachvollziehen. Sie gab den Rat aus, sich vielleicht doch einfach nur mehr mit dem Islam und seinen Glaubenslehren zu befassen oder einfach mal den Kontakt zu Muslimen zu suchen. Denn nur eine extreme Minderheit würden fragwürdigen extremistischen und gewalttätigen Tendenzen folgen. Wahrscheinlich nicht wesentlich mehr, als es gewalltbereite Neo-Nazis in Europa gäbe.

Doch ihre Weisheit kam etwas ins Schwanken, als ich das Thema Israel ansprach. Nun wurde schnell deutlich, dass der angedeutete Toleranz- und Akzeptanzaufruf nicht weltumfassend gemeint war. Israel sei „schlecht", „unterdrücke die Palästinenser aufs Äußerste und es müsse zwingend etwas gegen diese Ungerechtigkeit getan werden".

Ihre Ansicht, dass der israelische Staat nicht gerade aus der Vergangenheit seiner Bevölkerung gelernt habe, konnte ich rein vom äußeren Schein her betrachtet auch bedingt nachvollziehen. Ich habe ihr aber auch gesagt, dass Israel es in meinen Augen ebenfalls nicht gerade leicht hätte mit einigen radikalen palästinensischen Gruppierungen. Oder mit solchen in den direkten Nachbarländern, und dass die Schärfe, mit der mittlerweile gegen die Palästinenser vorgegangen werde sicherlich auch ein Resultat jüngster Vergangenheit sei, in der Israel immer wieder bedroht und angegriffen wurde. Sie konnte im Folgenden tatsächlich nur schwer nachvollziehen, dass es aufgrund dessen viele israelische Bürger gibt, die das, was sie über Israel sagte, über Palästinenser oder Muslime sagen würden.

Letztlich ist diese Problematik ein ganz gutes Beispiel für viele auf der Erde in ähnlicher Weise herrschenden Konflikte. Solange nicht ein Minimum an Bereitschaft auf den sich gegenüberstehenden Seiten vorhanden ist, sich gegenseitig besser kennenzulernen, wird es wohl auch keinen Frieden geben. Denn die Angst voreinander verschwindet wahrscheinlich nur dann, wenn man ernsthaft miteinander spricht, mehr über die Beweggründe des jeweils anderen erfährt und damit beginnt, eigene Erfahrungen über diese Menschen zu sammeln. Erfahrungen, die am Ende dazu führen könnten, miteinander zu leben. Einfach, weil man sich dann etwas besser kennt.

Das glauben Sie nicht? Gucken Sie sich doch einfach mal ein paar Länder auf der Erde etwas genauer an. Exemplarisch seien hier beispielsweise England und auch die Niederlande genannt. Man kommt zwar nicht umher festzustellen, dass es auch in diesen Ländern nationalsozialistische Tendenzen gibt, aber insgesamt gesehen handelt es sich um vergleichsweise sehr offene Gesellschaften.

Der Grund hierfür ist vielleicht historisch gesehen nicht gerade rühmlich, da derartige multikulturelle Gesellschaften in der Regel das Ergebnis von ausbeuterischer Kolonialpolitik der Vergangenheit sind. Aber neben all dem Leid, was diese Zeiten für die besetzten und ausgebeuteten Länder bis in unsere Zeit bedeutete, hat man sich im Laufe der Jahrhunderte kennen und akzeptieren gelernt.

Die Angst voreinander ging verloren, weil man selbst und auch die Generationen vor einem nach und nach die notwendigen Erfahrungen sammeln konnte, um diesen Prozess des Zusammenwachsens zu bewerkstelligen. Deswegen fällt weder ein Mensch mit indischen Wurzeln in London, noch ein indonesisch stämmiger Mensch in Amsterdam auf. Es ist einfach normal geworden.

Letztlich wäre es schon ein Anfang, wenn wir andere Lebensweisen, Gedanken und Meinungen erst einmal einfach hinnehmen könnten. Das sollte uns eigentlich nicht schwerfallen, da sie ja nicht uns selbst betreffen. Doch weil wir uns für denkende Wesen halten, die selbstredend zwischen Gut und Böse unterscheiden können, geben wir unser Urteil ab. Meistens ungefragt und ohne genauer nachzufragen, was hinter diesen Meinungen steckt.

Oder anders ausgedrückt, wir weigern uns, neue Erfahrungen sammeln zu wollen und bleiben lieber bei dem bisschen Wissen über andere Kulturen und Gesellschaften, das wir haben (oberflächliche Menschen könnten hier von selbst gewollter „Dummheit" oder von Konservativismus sprechen). Deswegen leben wir in gegenseitiger Angst voreinander und bekämpfen uns. Ich präsentiere: Homo Sapiens Sapiens, die Krone der Schöpfung...

Die rätselhafte, eigene Komponente

Sie fragen sich vielleicht gerade, was das denn nun alles mit Ihren derzeitigen Beziehungen zu tun haben soll. Nun, nichts. Und alles! Denn die Schlussfolgerung aus dem bisherigen kann nur sein, dass es nicht wahrscheinlich ist, dass auch nur zwei Menschen die exakt selben Erfahrungen im Leben gesammelt haben. Jeder Mensch wird auf die eine oder andere Art von seinem persönlichen Umfeld geprägt. Jeder interpretiert alle weiteren Informationen aus dieser einen, subjektiven Sicht.

Unseren Verstand könnte man demnach mit einer Art Haus vergleichen. Das Fundament wird durch die überwiegenden Erfahrungen erstellt, die wir in unserer frühen Kindheit und Jugend erlangt haben. Darauf werden dann die übrigen Stockwerke so dazu gebaut, wie es das Fundament zulässt. Ausschließlich so, wie es das Fundament zulässt. Denn etwas Anderes haben wir nicht gelernt. Da jeder von uns unterschiedlich geprägt wurde und andere Erfahrungen gesammelt hat, gibt es also sehr sehr viele unterschiedliche Häuser.

Vor diesem Hintergrund scheint es nahezu unmöglich, dass auch nur zwei Individuen auf unserem Planeten dasselbe gleichzeitig denken. Ähnlich in manchen Dingen ja. Aber wohl niemals identisch. Das würde nämlich bedeuten, dass diese Menschen die exakt gleichen Erfahrungen gemacht haben und sie somit beide exakt gleich geprägt worden wären.

Doch das ist einfach nicht möglich. Denn subjektiv erklärte Reize, Meinungen und Erklärungen pflastern unseren Weg, und das nicht nur in unserer Kindheit und Jugend, sondern auch im weiteren Verlauf unseres Lebens. Durch jede Beziehung zu anderen Menschen, durch Medien und durch Gesellschaften, Kulturen und religiösen Anschauungen.

Es gibt jedoch noch ein letztes entscheidendes Puzzlestück, das wir neben all den bereits genannten Dingen für das Abspeichern unserer Erfahrungen benötigen. Doch diese Komponente ist nicht ganz so einfach zu erklären. Denn auch, wenn Ihnen einige Hirnforscher gerne erzählen, die Funktionsweise unseres Gehirns zu kennen. Wann und wo genau sich unsere Synapsen miteinander verbinden und wie in der Folge dann Erfahrungen abgespeichert und wieder abgerufen werden, kann Ihnen keiner genau sagen. Dafür wissen wir einfach zu wenig.

Gut, ein paar Dinge hat man schon herausgefunden. So weiß man, dass das durch das Y-Chromosom des Vaters gebildete Testosteron nicht nur für die männlichen Organe bei den Jungen sorgt, sondern auch deren Hirnarchitektur beeinflusst. Das führt dazu, dass das Gehirn des Mannes etwas größer und schwerer ist als dass der Frau (auch wenn das den Damen wahrscheinlich sehr schwer fallen wird zu glauben). Aber bevor die Herrenwelt nun grölend zum Kühlschrank läuft, um sich das nächste Bier zu holen, damit der vorhandene Größenunterschied durch den Alkoholzelltod wieder ein bisschen ausgeglichen wird, müssen Sie auch wissen, dass es neben Größe und Gewicht auch einen strukturellen Unterschied gibt. Frauengehirne haben mehr Furchen, sodass man davon ausgeht, dass die dadurch gewonnene Fläche den Größenmangel ausgleicht. Aber ob dies etwas mit einer möglichen unterschiedlichen Denkweise zu tun hat, ist reine Theorie und Sie werden auch in diesem Buch keine befriedigende Antwort darauf bekommen.

Weitere Unterschiede zwischen weiblichen und männlichen Gehirnen liegen in erster Linie in der Verarbeitung und Auswertung der durch die Sinnesorgane gesammelten Daten. So können Männer beispielsweise schlechter hören als Frauen, was als Partner einer schnarchenden Freundin und Vater von lauten Kindern ein großer Vorteil sein kann. Andererseits führt aus diesem Grund das Schnarchen des Mannes meistens auch zu getrennten Schlafzimmern.

Dafür können Männer im Gegensatz zu Frauen „dreidimensional" denken. Deswegen können sie tatsächlich besser Karten lesen, was zusammengenommen dann der Grund für diese oftmals so wunderbaren Abkürzungen beim Autofahren ist, die wir Männer uns erhoffen zu finden. Aber auch, wenn sie zumeist das Gefühl haben, dass diese Abkürzungen um ein vielfaches länger dauern als es der normale Weg getan hätte. Denken Sie immer an das alte japanische Sprichwort „hast Du es eilig, so mache einen Umweg".

Frauen und Männer haben also verschiedene Hirnarchitekturen. Aber diese scheinen eher etwas mit unserer Rolle in der Evolution zu tun zu haben, als mit grundlegenden anatomischen Unterschieden, die uns komplett anders denken lassen.

Denken Sie zudem an die nicht wenigen Fälle, bei denen Mädchen sehr männlich und Jungen sehr weiblich erzogen werden. Wenn sie solche Menschen kennen, dann dürfte ihnen aufgefallen sein, dass sie das jeweilige Geschlecht allenfalls am Aussehen festmachen konnten. Denn je nachdem, was sie für Erfahrungen erlernt hatten, verhielten sie sich bis auf ein paar Ausnahmen nicht geschlechtsspezifisch.

Dies alles führt letztlich zu dem Schluss, dass wir bei Frauen und Männern im Hinblick auf eine mögliche unterschiedliche Prägung, beziehungsweise auf ein unterschiedliches Verarbeiten von Erfahrungen, keine Aussage darüber treffen können, ob es einen entscheidenden anatomischen Unterschied gibt.

Interessant ist aber noch ein weiterer, geschlechtsunabhängiger Aspekt unserer Erfahrungsverarbeitung. Denn man kann davon ausgehen, dass derselbe Reiz mit der exakt selben Erklärung bei zwei verschiedenen Menschen nicht identisch abgespeichert wird. Zumindest ist dies sehr unwahrscheinlich, denn unterschiedliche Gene sorgen wahrscheinlich nicht nur bei unserem Äußeren für eine immense Vielfalt. Kurz gesagt, wir sehen ja auch nicht alle gleich aus. Mit Ausnahme von eineiigen Zwillingen vielleicht. Doch auch hier sind mir noch keine begegnet, bei denen der Eindruck entstand, dass sie trotz zu vermutender gleichen Erziehung in ihrem Denken exakt gleich waren. Im Gegenteil.

Zu alledem gesellen sich dann noch die ganz offensichtlichen Unterschiede in den Wahrnehmungen. Als Kind habe ich die Wohnung meiner Eltern immer als riesig empfunden. Heute frage ich mich, wie man zu viert hier genügend Platz für alle finden konnte. Oder kennen Sie das „Straßenbeispiel"? Stellen Sie sich vor, Sie fahren durch irgendeine Straße in einem Wohnviertel. Einige von Ihnen werden weder die Straße noch die Häuser darin beachten und einfach nur durchfahren. Andere wiederum achten genau darauf. Für wenige Menschen signalisieren die Straße und die Häuser darin sogar ihre Heimat, und wie gerade gezeigt wird einem alles entweder größer oder kleiner vorkommen. Je nachdem, wie lang oder kurz man selber ist. Das sind nur wenige Möglichkeiten von verschiedenen, abgespeicherten Erfahrungen über ein und die selbe Straße. Oder ein und demselben Reiz.

Vernachlässigen wir beim Erörtern der Frage im Bezug auf unsere „subjektive Komponente" auch nicht die gerade bereits angesprochenen Gene. Denn unabhängig von Erfahrungen und Prägungen bilden wir bestimmte Eigenschaften aus, die bereits unsere Eltern zum Teil besaßen.

Ich habe meinen Vater beispielsweise kaum gekannt. Trotzdem weiß ich, dass ich viele charakterliche Eigenschaften von ihm „geerbt" habe. Wie auch von meiner Mutter. Es scheint also, dass uns die Art und Weise wie wir auf bestimmte Reize und Erfahrungen reagieren teilweise auch in die Wiege gelegt worden ist.

Wir können also keine pauschale Aussage über die anatomischen Voraussetzungen beim Erlernen und Abspeichern von Erfahrungen machen. Es sieht vielmehr so aus, dass jeder einzelne Mensch geschlechtsunabhängig seine eigene, subjektive Komponente mit ins Spiel bringt. Sie ist abhängig von den Genen und den damit im direkten Zusammenhang stehenden, subjektiv wahrgenommenen und abgespeicherten Erfahrungen. Diese wiederum scheinen mit Ausnahme der seit Millionen von Jahren existierenden evolutionären Eigenheiten der Geschlechter in nahezu allen Dingen subjektiv und individuell geprägt zu sein.
Doch was bedeutet das jetzt? Zunächst einmal, dass Sie einzigartig sind. Denn nur Sie alleine haben Ihre eigenen Erfahrungen auf ihre ganz persönliche Art und Weise gesammelt und abgespeichert. Nur Sie alleine können darauf zurückgreifen.
Das bedeutet aber auch, dass bereits Ihre Eltern, Ihre Geschwister oder Ihr Partner Sie nicht in Gänze verstehen können. Denn nur Sie selbst sind dazu in der Lage. Nur Sie alleine haben einen Einblick in Ihren kompletten Verstand. Genau das gilt für alle Menschen. Doch wenn wir im Grunde genommen die Handlungen der Personen, zu denen wir irgendeine Beziehung pflegen nicht wirklich komplett nachvollziehen können, was bedeutet das im Hinblick auf unser Zusammenleben? Versuchen wir es herauszufinden.

„Ich habe recht"

„Ich habe recht". Diese drei simplen Worte, gesagt oder gedacht, stehen am Anfang von Unmengen von Konflikten auf diesem Planeten. Abgesehen von einigen der ganz großen Kriege auf Erden, bei denen eher die drei Worte „Ich will alles" eine Rolle spielen.

So gesehen könnte man fast meinen, dass viele „große Führer" dieser Erde in ihrer Entwicklung im Sandkasten ihres Kindergartens stecken geblieben sind. Zu einer Zeit also, in der wir wahrscheinlich schon ahnten, dass wir mehr Dinge zum Leben benötigen, mehr Wissen, mehr Erfahrungen. Doch da wir dies für uns noch nicht klar definieren konnten, konzentrierten wir uns im Gefühl des Augenblickes auf die Schüppe und das Eimerchen unseres Gegenübers. Gegebenenfalls warfen wir auch mit Sand, um unserem Begehren Nachdruck zu verleihen.

Aber „Ich habe recht" werden die Worte sein, die Ihnen in irgendeiner Form durch den Kopf schwirren, wenn sie mit einem anderen Menschen streiten. Sei es bei der Arbeit oder eben in Ihrer Beziehung. Bislang waren Sie auch meistens im festen Glauben, dass es auch so war.

Nun, wie sieht so ein Streit in der Regel aus? Man beginnt damit, seinem Gegenüber mit seinen Argumenten davon zu überzeugen, dass man recht hat. Man erklärt ihm, warum man recht hat. Wenn er es partout nicht einsehen will, dann wird man sauer, weil er nicht versteht, dass man recht hat. Vielleicht kommt in einem auch der Gedanke auf, dass der

Andere vielleicht weiß, dass man recht hat und er es einfach nur nicht zugeben will, weil er vielleicht sauer ist, dass wir recht haben. Oder er möchte einem einfach eins auswischen. Möglicherweise hasst er einen sogar. Wie auch immer, so oder so ähnlich laufen unsere zwischenmenschlichen Konflikte in der Regel ab. Man denkt, man hat recht.

Die Frage ist, warum denken wir das eigentlich? Was ist denken überhaupt? Was macht scheinbar unmöglich, bei manchen Konflikten einen gemeinsamen Konsens zu finden?

Zunächst einmal muss ich Ihnen leider mitteilen, dass Ihnen wiederum kein Hirnforscher sagen kann, was Denken genau ist. Denn wie bereits festgestellt, wissen wir nicht allzu viel über das Gehirn. Wir wissen, welche Areale bei welchen Aktivitäten oder Denkvorgängen aktiv sind und wir kennen einige Botenstoffe, sogenannte Neurotransmitter, die wohl irgendwas mit dem Denken zu tun haben müssen.

Zudem haben wir auch eine ungefähre Vorstellung der Aufteilung von Bewusstsein und Unterbewusstsein und wir wissen, dass wir Gelerntes in unserem Gedächtnis abspeichern können. Aber wie Denken funktioniert oder ob auch der geschlechtsspezifische Aufbau des Gehirns Einfluss auf unsere Denkweise hat, ist letztlich reine Vermutung.

Ich habe mir schon lange Gedanken über die Frage gemacht, was Denken überhaupt ist, und durch einen Zufall kam ich auf eine mögliche Antwort, die ich seitdem tatsächlich für die wahrscheinlichste halte. Sie haben bestimmt einmal von diesem Computerspiel gehört, nach dem unsere Kinder fast schön süchtig sind. Das, bei dem man mit einer Spitzhacke den Baumstamm zerhauen kann, während die Baumkrone in der Luft schweben bleibt. Es geht grob gesagt um das Sammeln von Rohstoffen und das Aufbauen von Dingen.

Ein Bekannter, der dieses Spiel von Beginn an spielt, hat mich einmal darauf hingewiesen, dass man dort mit nur sehr wenigen unterschiedlichen Materialien einen Taschenrechner zusammenbauen kann. Dieser beherrscht die einfachsten Rechenarten, wie Plus und Minus, Multiplizieren und Dividieren.

Der Haken ist der, dass man zum Aufbau dieser Konstruktion in der Regel mehrere Monate benötigten würde, weil man eine Unmenge dieser unterschiedlichen Materialien in der richtigen Reihenfolge zusammenbauen müsse. Man braucht also vereinfacht gesagt zigtausende simple Steine, die für sich genommen nicht viel können, und ab einer bestimmten Menge „wissen" diese plötzlich, dass eins plus eins gleich zwei ist.

Je mehr ich darüber nachdachte, desto logischer erschien es mir. Könnte es sein, dass Denken einfach nur ein Ergebnis von Milliarden Nervenzellen, die billionenfach miteinander verknüpft sind und alle Erfahrungen unseres Lebens abgespeichert haben, ist? Was man wohl ohne viel Widerspruch zu ernten sagen darf, ist, dass unsere Denkfähigkeit zum Zeitpunkt unserer Geburt im Vergleich zur Denkfähigkeit der meisten Erwachsenen wesentlich geringer zu sein scheint. Wenn man sich nun noch einmal vor Augen führt, wie wir in unseren ersten Lebensjahren geprägt werden und Erfahrungen sammeln, dann legt das den Schluss nahe, dass unser Denken dadurch in direkter Weise beeinflusst wird.

Wir wissen zudem, dass die Struktur unseres Gehirns zum Zeitpunkt der Geburt immer noch im Aufbau befindlich ist.

Wir wissen auch, dass diese Struktur unfassbar groß werden wird.

Ist es da nicht am logischsten, dass „Denken" einfach nur das Abfragen aller bisher gesammelten Erfahrungen und Informationen bedeutet, die uns ihrerseits wiederum dazu befähigen, sozusagen eins und eins zusammenzuzählen, um somit neue Aspekte oder besser Vermutungen in unserem Denken zu kreieren?

Ich möchte Ihnen das an einem weiteren kurzen Beispiel erläutern. Sie kennen Ihre Eltern, denn Sie haben über diese Menschen wahrscheinlich unglaublich viele Erfahrungen und somit Informationen gesammelt. Nun passiert etwas, eine Situation oder irgendetwas anderes, was sie von Ihrem Vater oder Ihrer Mutter noch nicht wissen.

Nun nutzen Sie Ihr Wissen über sie und mutmaßen eine neue Erfahrung. Sie ziehen also Rückschlüsse aufgrund Ihrer bisherigen Informationen auf das zu erwartende Verhalten. Wie schon gesagt, Sie zählen eins und eins zusammen und erhalten eine völlig neue Zahl. Sie denken, dass es so kommen wird. Doch Sie fallen möglicherweise aus allen Wolken, sollte es anders kommen. Das unerwartete Verhalten scheint Ihnen aufgrund dessen, was Sie bisher über ihre Eltern wussten, völlig unlogisch zu sein. Obwohl es für diese selbst logisch ist.

Etwas lief also in unserem analytischen Denken verkehrt. Anders ausgedrückt, wir können aufgrund unserer bisherigen Erfahrungen zwar mutmaßen, was richtig ist. Aber dafür, dass wir einen Treffer landen, gibt es keine Garantie. Es fehlen uns manchmal einfach die entscheidenden Dinge, die für das richtige Ergebnis notwendig sind.

Es scheint also tatsächlich so zu sein, dass Denken nur das Ergebnis aller unserer Milliarden von Erfahrungen und die daraus entstehenden subjektiven Schlussfolgerungen ist. Das erklärt dann auch, warum wir manche Menschen für dumm und manche für intelligent halten. Der „Intelligente" konnte in seinem Leben wahrscheinlich viel mehr Erfahrungen sammeln als der „Dumme". Darin liegt vermutlich auch der Grund dafür, dass so mancher „Dumme", sofern sich seine potentielle Intelligenzminderung nicht aufgrund eines physiologischen Schadens oder eines Gendefektes gründet, nach einer positiven Änderung seiner Lebensumstände plötzlich intelligenter zu werden scheint. Denn er erschließt durch neue Erfahrungen neue Wege, die seinen „Denkhorizont" erweitern.

Intelligenz so wie wir sie definieren hat zwar ohne Zweifel auch etwas mit unseren Genen zu tun. Aber es eben auch ganz klare Hinweise darauf, dass Denken zum allergrößten Teil nur auf unseren erlernten Erfahrungen beruht. Analytisches Denken scheint demnach nur das Vergleichen und Verknüpfen ähnlicher, subjektiver Erfahrungen oder Informationen mit einer neuen Situation zu sein. Dabei können wir falsch oder richtig liegen. Deswegen gleicht diese Art des Denkens ein wenig dem Blick in eine Kristallkugel. Doch unsere bereits gemachten Erfahrungen gestalten diesen Blick für uns wahrscheinlicher. Zumindest dann, wenn sich diese auf ähnliche Begebenheiten beziehen. Je mehr Erfahrungen wir also in einem bestimmten Bereich gemacht haben, desto wahrscheinlicher wird es, dass unsere analytischen Mutmaßungen zutreffen und das Bild unserer Kristallkugel klarer wird. Darauf können wir dann immer mehr aufbauen und neue Dinge schneller begreifen. Wenn Sie zum Beispiel einmal verstanden haben, wie die Zahlen von eins bis zehn addiert werden, fällt Ihnen das Erlernen der Addition größerer Zahlen wesentlich leichter. Dies funktioniert wahrscheinlich bei allem so.

Ich halte es für wahrscheinlich, dass sich unser gesamtes Denken genau auf diese Art und Weise entwickelt. Alles basiert somit nur auf unseren Erfahrungen und wird in Bruchteilen von Sekunden abgerufen, miteinander verglichen und gemutmaßt. Wie Ihr Computer, der nur mit Einsen und Nullen programmiert wurde und Ihnen alleine damit viele alltägliche Dinge vereinfacht. Nur ist unser Gehirn um ein Vielfaches größer und schneller.

Wir sprachen schon über die Erfahrungen von Schmerzintensität und des Drucks der Blase. Auch das alles scheint „nur" erlernt zu sein. Es ist auch anzunehmen, dass sich unsere anderen Sinne auf diese Art und Weise entwickeln. Denken Sie beispielsweise an blinde Menschen, bei denen man den Eindruck haben könnte, dass sie besser hören. Nun, das tun sie auch, aber nicht, weil sie bessere Ohren haben als Sie, sondern weil für sie mehr Geräusche wichtig sind als für sehende Menschen. Diese Geräusche sind für sie von Interesse und helfen ihnen, sich in ihrer Umgebung zurechtzufinden. Sie speichern also andere Erfahrungen über Geräusche als wir Anderen ab und nutzen diese dann im Alltag.

Vielleicht haben Sie auch mal irgendwo davon gehört, dass Babys, wenn sie auf die Welt kommen möglicherweise alles auf dem Kopf und spiegelverkehrt sehen. Dies ist, wenn man sich nur den Aufbau unserer Augen ansieht tatsächlich auch anzunehmen. Denn die Linse projiziert das Bild, welches wir sehen, falsch herum auf unsere Netzhaut. Ist es nicht auch hier wahrscheinlich, dass unsere Erfahrungen, die wir sammeln, dazu führen, dass unser Gehirn die entsprechenden Synapsen bildet und das Bild für uns umkehrt, damit wir uns besser in unserer Umwelt zurechtfinden können? Beispielsweise wenn wir damit beginnen, nach Dingen oder der Brust unserer Mutter zu greifen und anfangs oft ins Leere fassen.

Viele Hirnforscher erklären Ihnen hier, dass wir alles richtig herum sehen, weil die entsprechenden Synapsen schon geschaltet sind. Nun müssen sie dann wohl nur noch herausfinden, wann und wo diese geschaltet worden sein sollen.

Nein, ich glaube nicht, zu keinem Zeitpunkt unserer Entwicklung, dass irgendetwas „einfach da" ist. Bis auf die Rohmasse unseres Gehirns und den genetischen Bauplan, der uns dazu befähigt, durch unsere Erfahrungen Ordnung in das neuronale Chaos zu bringen.

Aber auch das ist letztlich nur eine Theorie. Denn niemand, auch kein Hirnforscher, kann klare Aussagen über die Funktionsweise unseres zentralen Nervensystems treffen. Denn wir verfügen weder über die technischen Möglichkeiten, noch über ausreichend Wissen, was uns dazu befähigen könnte, die Abläufe in unserem Gehirn auch nur ansatzweise zu begreifen. Wir können nur aufgrund unserer beschränkten Erfahrungen analytische Rückschlüsse ziehen, die am Ende eben auch komplett falsch sein können. So gesehen sind wir „dumm", wenn es darum geht, das Denken genau zu erklären. Wir raten und mutmaßen nur, da die Kristallkugel noch sehr trüb ist.

Wie „dumm" wir in diesem Punkt tatsächlich sind, sieht man auch an der „Erforschung" neurologischer Erkrankungen. Nehmen Sie hier beispielsweise die Alzheimererkrankung. Im Jahre 1901 durch Alois Alzheimer das erste Mal beschrieben können wir mittlerweile, also 117 Jahre später, tatsächlich immer noch nicht sagen, wodurch diese Krankheit entsteht, oder ob es überhaupt eine Erkrankung oder vielmehr ein völlig normaler Alterungsprozess ist, der bei dem einen früher und bei dem anderen Menschen später einsetzt.

Oder Morbus Parkinson, Ihnen vielleicht besser bekannt unter dem Begriff „Schüttellähmung". Hier sterben Dopamin-produzierende Gehirnzellen ab. Das weiß man. Warum sie absterben kann Ihnen leider kein Mensch sagen.

Letztlich könnten wir viele weitere Annahmen über die Funktionsweise des Denkens anstellen. Ob wir je wirklich erfahren werden, wie es funktioniert steht, in den Sternen. Festzustehen scheint bislang nur, dass Erfahrungen etwas mit dem Denken zu tun haben. Fest steht auch, dass wir alle unterschiedliche Erfahrungen im Laufe unseres Lebens sammeln und gesammelt haben.

Bleibt die Frage, wer denn nun recht hat? Nun, ich befürchte, alle haben recht. Zumindest was ihre höchst persönliche Denkweise angeht. Wir alle tun, was wir für das Beste halten und tendieren dazu zu glauben, dass aus diesem Grund andere Menschen doch wie wir denken müssten. Doch die Grundlage für diese Annahme sind nur unsere eigenen Erfahrungen und Prägungen. Wir kennen einfach nichts Anderes. Erst recht nicht die Lebenserfahrungen der Menschen, denen wir begegnen oder die Gründe für deren von uns nicht nachvollziehbaren Handlungen. Somit können wir diese nicht in unser eigenes Denken miteinbeziehen. Darum ist es auch so schwer seinem Gegenüber davon zu überzeugen, dass er falsch liegt. Denn das tut er gar nicht, zumindest nicht aus seiner Sicht. Er tut es nur aus Ihrer Sicht. Weil Sie aufgrund Ihrer Erfahrungen und Ihrer Denkweise Ihre ganz persönliche Wahrheit besitzen. Deswegen gehen Sie davon aus, dass alle Menschen diese Wahrheit haben.

Auch Wahrheit ist relativ

Wenn die meisten unserer Erfahrungen subjektiver Natur sind und sich unser Denken aus ihnen entwickelt, was ist dann eigentlich Wahrheit? Denken wir darüber nach, so kommen wir in der Regel zu dem Schluss, dass damit alles Gültige gemeint ist. Die Dinge, die absolut unumstößlich feststehen. Das, was geschehen ist. Das, was immer gelten wird. Das, woraus unsere Welt besteht und wie sie entstanden ist. Solche Sachen halt. Es sind also genau die Dinge, die Wissenschaftler erforschen, Archäologen ausgraben, Historiker vermuten, Religionen predigen, Journalisten berichten, Politiker sagen und Philosophen meinen zu erkennen. Doch diese Dinge beschreiben in den seltensten Fällen ein und die selbe Wahrheit und höchstwahrscheinlich schon gar nicht die Wirklichkeit.

Gerade der Streit zwischen Wissenschaft und Religion, Evolutionslehre auf der einen, göttliche Schöpfung auf der anderen Seite sind, wie es den Anschein hat, nicht miteinander in Einklang zu bringen.

Sie sehen schon, man kann sich zwar grundsätzlich auf eine Definition von Wahrheit einigen, aber wenn es um den Inhalt von „allem, was gültig ist" geht, fangen die Probleme überhaupt erst an.

Dies ist der Hauptgrund für sämtliche Konflikte der Menschheit. Denn wenn die Wahrheit des Einen sagt, dass man weniger hat als der Andere, dann empfindet man das als ungerecht und will genauso viel haben. Wenn man sich dadurch auch noch bedroht fühlt, dann sagt einem dieselbe

Wahrheit, dass man es bekämpfen muss, um sich selbst zu schützen. Man kann auch nicht an dieser Wahrheit zweifeln, denn man hat ja diesen eindeutigen Gedanken, im Recht zu sein. Das ist eine für die Menschen sehr typische Kausalkette, die nicht nur tiefgründig falsch ist, sondern zu jeder Zeit so vielen Menschen so unendlich viel Leid gebracht hat.

Was Wahrheiten betrifft, machen es sich viele Menschen aufgrund ihrer bisherigen Erfahrungen auch sehr einfach. Sie übernehmen die Wahrheiten von anderen, weil sie glauben, dass diese mehr wissen werden als sie selbst.

Das war vielleicht auch schon bei Papa und Mama so, die nie ein Widerwort duldeten, weil beispielsweise in der Bibel schon steht, dass man Vater und Mutter ehren soll. In diesem Buch steht bekanntlich auch, dass Gott den Menschen einen freien Willen gegeben hat. Dieser hat jedoch offensichtlich in der Erziehung solcher Leute ein jähes Ende gefunden.

Doch diese Menschen haben einen Vorteil. Denn wenn man sich selbst gar keine eigenen Gedanken mehr über mögliche Probleme machen muss, kann das zu einem sorgenfreieren Leben führen.

Der große Nachteil liegt jedoch darin, dass sich gar nicht erst die Mühe gemacht wird, eigene Erfahrungen zu sammeln. Das führt dann dazu, dass die eigenen Erfahrungen, und somit vermutlich auch das eigene Denken, eher begrenzt ist. Man verwehrt sich somit also selbst den Weg, eine eigene, komplexere Denkweise zu entwickeln, die einem in seinem Leben aller Voraussicht nach weiterbringen würde als die eines Menschen, der ein ganz anderes Leben hat und somit andere persönliche Ziele verfolgt. Es verwundert also nicht wirklich, dass Menschen, die ungefragt die „Wahrheiten" von anderen Menschen oder Institutionen übernehmen, es im Leben oft nicht sehr weit bringen. Ihre Erfahrungen beschränken sich auf den Stammtisch und somit ist ihre Wahrheit wahrscheinlich am weitesten weg von der einer einer objektiv gültige Wirklichkeit.

Ich gehöre dankenswerter Weise nicht zu diesen Menschen. Vielleicht bin ich auch gerade deswegen der Überzeugung, dass es diese eine, objektive, die wahrste aller Wahrheiten geben muss, für die jedoch mein Wissen nicht ausreicht. Denn es muss eine Antwort darauf geben, warum es uns überhaupt gibt. Warum die Dinge im Universum so laufen, wie sie es tun. Oder aber, ob es einen Gott gibt oder nicht.

Ich bin aber ebenso davon überzeugt, dass wir Menschen diese Antwort nicht finden und allenfalls immer nur kleine Bruchstücke davon erfahren werden. Dies liegt ganz einfach daran, dass wir aufgrund unserer Erfahrungen und unseres Denkens alle der Ansicht sind, die Wahrheit zu kennen. Doch diese begründet sich bei jedem Menschen auf höchst subjektive Dinge. In der Konsequenz bedeutet dies dann wohl, dass es auf der Erde zirka acht Milliarden Wahrheiten gibt, von Menschen mit ihren eigenen subjektiven Erfahrungen und Prägungen und somit mit ihrer eigenen Denkweise auf alles. Acht Milliarden haben aus ihrer Sicht recht und damit ihre eigene Wahrheit. Wie will man die alle zusammenbringen, um die objektivste aller Wahrheiten zu finden? Denn wir schaffen es ja noch nicht einmal, mit den paar Menschen in unserem direkten Umfeld eine „objektive Alltagswahrheit" festzulegen. Eine Wahrheit, die uns sagt, wer denn nun verpflichtet ist, am heutigen Tage den Müll raus zu bringen. Wer die Windeln des Nachwuchses wechseln muss und warum ihr Partner schon wieder nur faul auf dem Sofa liegt, anstatt mit ihnen etwas zu unternehmen.

...und nun?

Wenn jeder Mensch denkt, dass er recht hat und jeder seine eigene Wahrheit besitzt, die jedoch nur für ihn komplette Gültigkeit besitzt, dann erscheint es nahezu unmöglich, dass sich auch nur zwei Menschen auf eine gemeinsame Wahrheit einigen können. Allenfalls erreicht man eine sehr hohe Übereinstimmung. Zumindest dann, wenn man in ähnlichen Verhältnissen aufgewachsen und ähnliche Erfahrungen im Leben gesammelt hat. Aber es wird niemals eine einhundertprozentige Übereinstimmung geben können.

Hierin liegt auch der Grund, warum so viele Versuche scheitern, bessere Verhältnisse in verschiedenen Ländern durchzusetzen. Denn bei Demonstrationen oder sogar bei Revolutionen gibt es zwar immer mindestens einen Punkt, bei dem die Teilnehmer oder Gruppierungen alle für oder gegen sind. Wenn es danach aber darum geht, etwas Neues zu schaffen, gehen die Meinungen bereits auseinander. So erstickt der Keim einer möglicherweise besseren Welt bereits im Ansatz. Ganz einfach, weil diese für jeden anders aussieht. Weil jeder eine andere Wahrheit besitzt und glaubt, recht zu haben. Letztlich bedeutet das auch, dass man die Welt nur sehr schwer mit anderen gemeinsam besser machen kann. Denn oft wechselt nach einer derartig herbeigeführten Veränderung nur die Gruppe von Menschen, denen es gut geht. Einer anderen geht es dafür schlechter als vorher. Insofern verwundert es auch nicht, dass noch nie in der Geschichte der Menschheit nach einer gewaltlosen oder gewalttätigen

73

Revolution innerhalb einer Gesellschaft alle Menschen zufriedener und glücklicher geworden sind. Wie auch? Denn es ist aufgrund unserer unterschiedlichen Ansichten durch die verschiedenen Wahrheiten gar nicht möglich. Das bedeutet natürlich nicht, dass es sich nicht grundsätzlich lohnt, sich zusammenzutun und gegen empfundene Ungerechtigkeiten auf die Straße zu gehen. Aber man sollte sich dabei stets vor Augen führen, dass die eigentliche Veränderung erst dann beginnt, wenn man sein gemeinsames Ziel vermeintlich erreicht hat. Denn dann erst beginnen die wirklichen Schwierigkeiten.

Doch genug von den großen Problemen der Menschheit. Wenden wir uns lieber wieder den Kleinen zu. Denen, mit denen wir in unserem Alltag ständig zu kämpfen haben. Vielleicht gibt es ja eine Möglichkeit, die unterschiedlichen Wahrheiten irgendwie zusammenzubringen. Zwar ist es aus den genannten Gründen nicht realistisch, dass selbst zwei Menschen sich auf eine komplett gültige Wahrheit einigen können. Doch das ist vielleicht gar nicht notwendig, um gut miteinander auszukommen.

Vielleicht kennen Sie das, jemand in Ihrem Umfeld hat Probleme in seinem Leben, und Sie können nicht ganz nachvollziehen, warum sich dieser Mensch keine Hilfe holt. Denn selbst für Sie als Laien erscheint die Art seines Problems offensichtlich. Sie haben vielleicht auch schon als guter Freund in Krisensituationen gute Ratschläge gegeben. Doch entweder wurden diese mit Totschlagargumenten wie „du verstehst mich nicht, du kannst mich nicht verstehen" abgelehnt, oder aber es wurde Ihnen zwar beigepflichtet, jedoch sah diese Person keinen Weg das, was sie gerade von Ihnen gehört hatte, umzusetzen.

Genau hier liegt das Problem. Diese Person braucht wahrscheinlich einen professionellen Therapeuten. Allerdings fehlt es ihr an der notwendigen Therapiebereitschaft. Das ist oft so bei Menschen, die psychische Probleme haben. Denn als Betroffener kann man diese Erkrankungen oft selbst nicht erkennen. Dies können wir nur bei unseren körperlichen Einschränkungen. Dabei verlassen wir uns nämlich darauf, dass der auf unseren erlernten Erfahrungen basierte Verstand einschätzen kann, was uns fehlt. Wenn wir Erkältet sind, oder eine Bronchitis haben, dann wissen wir das und wir gehen zum Arzt. Denn wir haben schon oft, entweder bei uns selbst oder bei anderen, die Erfahrung gemacht, wie sich derartige Erkrankungen oder Probleme zeigen. Somit können wir diese bewusst erkennen. Genauso, wie wir sehen können, ob jemand nicht so aussieht wie andere. Zum Beispiel dann, wenn jemandem ein Bein fehlt.

So funktionieren wir, wir vergleichen alles um uns herum mit unseren im Gedächtnis gespeicherten Erfahrungen, anhand unserer höchstpersönlichen subjektiven Wahrheit.

Doch bei psychischen Einschränkungen wie depressive Phasen, Persönlichkeitsstörungen oder aber auch bei anderen psychischen Erkrankungen haben die Betroffenen ein Problem. Ihr „Einschätzungsinstrument", also genau der Teil ihres Körpers, der als einziges dazu in der Lage ist, Erfahrenes mit aktuellen Situationen zu vergleichen, funktioniert nicht richtig. Weil er selbst betroffen ist.

Das, was andere als Problem sehen, ist für sie zunächst einmal völlig normal. Wie ein umprogrammierter Roboter, der genau das Gegenteil von dem tut, was er soll. Sein Rechner sagt ihm aufgrund seines Fehlers, dass das, was er macht, richtig ist. Deswegen gibt es auch keinen Anlass, daran zu Zweifeln, auch, wenn man manchmal ahnt, dass etwas mit einem selbst nicht stimmen könnte.

Wenn wir Menschen Probleme in Beziehungen haben, verhält es sich ganz ähnlich. Es kommt uns erst einmal nicht in den Sinn, dass es (auch) an uns liegen könnte. Denn unsere Wahrheit sagt uns ja, dass wir recht haben. Folglich ist es nur logisch, dass wir damit beginnen, andere für unsere Probleme verantwortlich machen. Dies trägt jedoch nur in den seltensten Fällen zur Lösung unseres Problems bei, weswegen die Probleme immer größer zu werden scheinen.

Es gibt aus solchen Situationen in der Regel nur einen Ausweg. Dieser ist nicht, die Wahrheit der Anderen einfach zu glauben. Wir gehen ja auch nicht in Therapie, weil die Anderen es uns sagen. Das können wir gar nicht und es würde auch nicht viel Sinn machen. Denn damit würden wir uns gegen unsere eigene innere Überzeugung, gegen unsere eigene Wahrheit stellen. Das hätte dann wahrscheinlich zur Folge, dass wir immer an der Notwendigkeit dieses Schrittes zweifeln würden.

Nein, wir müssen aus uns heraus den Entschluss fassen, etwas zu tun. Dabei sollte es uns zu diesem Zeitpunkt nicht darum gehen, unsere eigene Wahrheit zu verändern. Aber wir sollten offen sein für die Möglichkeit, dass es eventuell noch andere gibt, die wir noch nicht kennen. Denn dann gelingt es vielleicht, die eigene Wahrheit mit diesen neuen Erfahrungen zu erweitern, die wir vielleicht zur Lösung unserer

Probleme benötigen. Wir sollten also Interesse an der Wahrheit des Anderen entwickeln, um somit gegebenenfalls unser eigenes Denken zu erweitern. Je größer dieses Interesse wird, desto mehr bewegen wir uns von dem Gedanken „ich habe recht" weg.

Was Sie nun also zunächst einmal tun sollten, ist offen für das bisher Gelesene sein. Denn selbst, wenn Ihnen bislang alles logisch vorgekommen sein mag und Sie denken, dass Sie alles in diesem Buch verstanden haben, so sollten Sie nun nicht versuchen, diese neue Sichtweise anzunehmen, nur, weil es hier steht und es vielleicht richtig sein könnte. Denn wenn Sie das tun, werden mit der Zeit aufgrund Ihrer eigenen Wahrheit die Zweifel daran immer lauter, und es wird Ihnen wieder das passieren, was vielleicht mit anderen Büchern dieser Art bereits passiert ist. Mit der Zeit werden sie vergessen, warum Sie die Argumente überzeugt haben und Sie dachten, dass hier vielleicht die Lösung sein könnte. Weil es noch nicht Ihre eigene Lösung war.

Dieses Buch ist jedoch nicht dazu gedacht, ein weiterer Staubfänger in Ihrem Bücherregal zu werden. Also glauben Sie uns erstmal kein Wort. Aber halten Sie es für möglich und seien Sie offen dafür auszuprobieren, was sie gelesen haben. Einfach, indem Sie sich beim nächsten Konflikt mit irgendeinem Menschen in Ihrem Leben nicht nur darauf konzentrieren, Ihren eigenen Standpunkt durchzusetzen. Entwickeln Sie Interesse für die andere Sichtweise und fragen Sie sich, warum Ihr Gegenüber diese haben könnte. Oder besser, fragen Sie *ihn*. Fangen Sie damit an, eine erste andere Wahrheit kennenzulernen. Fügen Sie Ihrer eigenen Wahrheit die Erfahrung hinzu, dass der Andere es nicht böse mit Ihnen meint und er

Sie nicht „nicht verstehen" will. Fangen Sie damit an, die Erfahrung zu sammeln, dass auch er sehr gute Gründe hat, die mit Ihnen vielleicht noch nicht einmal etwas zu tun haben. Folgen Sie den von uns gesetzten Reizen und überprüfen Sie diese auf deren Richtigkeit und machen Sie sie zu Ihren eigenen Erfahrungen.

Damit Sie aber nicht so lange warten müssen, oder gar auf die Idee kommen, einfach zu Lernzwecken einen Streit zu provozieren, werden wir im Folgenden einmal diese unterschiedlichen Wahrheiten genauer unter die Lupe nehmen. Diejenigen, die Sie aus Ihren partnerschaftlichen Beziehungen wahrscheinlich alle kennen. Lassen Sie uns also loslegen und schauen wir uns im groben einmal die häufigsten unterschiedlichen Wahrheiten von Frauen und Männern an.

Das Müll- und Geschenkproblem

„Wahrheiten", gerade auch in Beziehungen sind so eine Sache. Ich habe selbst sehr häufig Konflikte geführt, die im Grunde genommen einfach nur durch ein kleines Missverständnis entstanden sind. Sie arteten spätestens dann aus, als ich meinem Gegenüber erklären wollte, dass ich es gar nicht so gemeint hätte, und mir entgegnet wurde, dass dies gelogen sei und ich jetzt nur versuchen wolle, mich rauszureden. Das war für mich immer zu viel. Denn ich wusste ja, wie ich das, was ich gesagt hatte, gemeint habe. Doch nun wurde mir im Grunde genommen vorgeworfen, dass ich ein böser Mensch sei, der seiner Partnerin nur das Schlechteste wünschen würde.

Gerade, was Kommunikation zwischen Frauen und Männern betrifft, haben schon viele Andere darauf hingewiesen, dass im jeweiligen Sprachverständnis himmelweite Unterschiede liegen. Aber wir sind ja auf der Suche nach der Wahrheit, der Denkweise, die dahintersteckt.

Sehen wir uns beispielsweise eine weibliche Aussage wie „Schatz, die Ohrringe sind schön" an. In den Augen der Damen ist dies häufig eine unmissverständliche Aufforderung an die Herren, dass sie diese Schmuckstücke am nächsten bevorstehenden Festtag, sei es der nahende Geburtstag der entsprechenden weiblichen Person oder aber auch Weihnachten, zum Geschenk haben will. Für die Männerwelt kann das richtige Verständnis dieses Satzes im Übrigen bedeuten, dass das jährliche, vormittägliche Männertreffen am 24. Dezember in einer Innenstadt ihrer Wahl nicht mehr zwingend stattfinden muss. Denn die Übersetzung dieses Satzes bedeutet schlichtweg „Kauf mir genau diese Ohrringe, die will ich haben".

Das war nicht so schwer zu erraten. Aber warum funktioniert das in der konkreten Situation nicht, also genau in dem Zeitpunkt, wo sich diese Ohrringe in der Auslage eines Juweliers angesehen werden?

Das Grundproblem liegt nicht darin, dass Männer solch versteckte Hinweise grundsätzlich nicht verstehen können. Es liegt vielmehr daran, dass sie zwar mehr oder weniger gerne einen Schaufensterbummel mitmachen, sich jedoch in der Regel überhaupt nicht für die Auslage des örtlichen Juweliers interessieren. Diese stellt nur in den seltensten Fällen ein Reiz dar, den Männer in ihren Erfahrungsschatz mit einbauen wollen. Sie hören ihnen in solchen Situationen zwar schon irgendwie zu. Aber da solche Aussagen weder drohend, noch mit irgendeiner Emotion getätigt werden, wird auch kein Reiz gesetzt. Die Information wird ganz einfach nicht oder allenfalls im Kurzzeitgedächtnis abgespeichert.

Es handelt sich somit nicht um Ignoranz, wenn dann unterm Baum der erwartete Schmuck fehlt. Sondern es liegt einfach nur daran, dass er durch die Erziehung seiner Eltern die Erfahrung nicht sammeln konnte, sich für Damenschmuck zu interessieren.

Wenn Sie die Ohrringe oder den Schmuck Ihrer Wahl also haben wollen, dann schreiben Sie ihm am besten einen Zettel, auf dem die Adresse des Geschäfts, günstigstenfalls ein Foto mit Preisangabe und dem genauen Datum steht und wann Sie die Ohrringe genau bekommen wollen.

Wo da die Überraschung bleibt? Nun, wenn Sie Überraschungen so lieben, warum sind Sie denn dann mit dem Ersatzgeschenk oftmals so unzufrieden? Außerdem werden Sie am heiligen Abend überrascht sein, dass es klappt und Sie Ihren Wunsch erfüllt bekommen.

Denn mit klaren Anweisungen in der gerade geschilderten Form können Männer etwas anfangen. Schreiben Sie es ihm auf, dann wird es auch klappen. Denn Männer sind Macher. Sie machen Dinge. Geht man zu einem Mann und bittet ihn darum, ein Problem zu lösen, dann tut er es auch.

Wie jedoch gerade schon bei dem Wunschzettel für Weihnachten oder Geburtstag festgestellt, sollte man die Bitte mit einer präzisen Zeitangabe formulieren. Denn sonst dauert es mit der Ausführung. Es dauert so lange, bis es für den Mann selbst zum Problem wird. Das kann gegebenenfalls Jahre in Anspruch nehmen. Dabei ist die üblicherweise auftretende zeitliche Verzögerung seitens des Mannes gar nicht böse gemeint. Schon gar nicht geht es ihm darum, der Frau zu zeigen, „wie unwichtig sie ihm sei, da er sie ignoriere". Das Problem ist ganz einfach noch nicht beim Mann angekommen.

Ein weiteres Beispiel: Wenn die Frau den Mann bittet, den Müll runterzubringen, dann wird er in der Regel zusagen, dies zu tun. Sieht er ihn und hat dieser tatsächlich einen Füllstand erreicht, bei dem ihm klar wird, dass selbst die geschicktesten handwerklichen Fähigkeiten nicht dazu ausreichen werden, noch etwas in den Müllbeutel hinein zu quetschen (obwohl es einige dennoch versuchen werden), dann wird er relativ zeitnah handeln.

Befindet sich der Mülleimer unter einer Spüle und ist zudem durch eine Tür verdeckt, so ist das Müllproblem für den Mann so lange nicht existent, bis er mal etwas wegwerfen muss. Wenn er nun selbst nichts mehr in den Beutel bekommt, wird er seinerseits die Frau fragen, ob er den Müll in freudiger Erwartung eines Lobes aufgrund seines hauswirtschaftlichen Aktionismusses herunterbringen soll. Oder aber die Frau bittet ihn erneut, dieses Mal um einiges vorwurfsvoller, darum, endlich zu handeln.

Auch an diesem Beispiel sehen Sie, ein Problem muss für einen Mann in seinem Leben real angekommen sein. Somit also entweder der volle Mülleimer, oder aber ein drohender Konflikt mit seiner Partnerin. Hierbei geht es im Grunde genommen weniger um den Reiz an sich, sondern vielmehr um die Reizschwelle, also um den Punkt, bei dem das erlernte Verhalten einsetzt.

Der Grund dafür ist wahrscheinlich noch ein Überbleibsel einer patriarchalischen Gesellschaft. In vielen Haushalten der 60er, 70er und 80er Jahren war es, wie heute auch noch in einigen, üblich, dass die Frau für den Selbigen zuständig war. Das bedeutete nicht, dass nicht auch schon zu diesen Zeiten Haushaltätigkeiten an die Väter und Söhne delegiert worden sind. Aber es dauerte eine Zeit, bis sich die Herren über ihren neuen Aufgabenbereich im Klaren waren. Man musste sie einfach mehrfach daran erinnern, und das tat man dann auch.

Männer können auch stundenlang auf dem Sofa liegen und in eine dreckige Ecke oder auf ein schiefes Bild starren. Immer mal wieder. Bis er etwas unternimmt, wird es trotzdem so lange dauern, bis es ihn wirklich stört. Zunächst wartet sein Unterbewusstsein, bis die Person kommt, die derartige Probleme bereits in der Vergangenheit geregelt hat. Denn der Reiz „Schmutz" oder „schiefes Bild" wurde seiner Erfahrung nach immer durch jemand anderes beseitigt. Erst, wenn das Problem in seinem Bewusstsein wirklich ankommt, „macht" der Mann. Es geht also erneut nicht um Ignoranz, sondern vielmehr um ein unbewusst und ungewollt anerzogenes Verhalten. Zumeist seitens der Mutter.

Auch Schweißflecken auf dem Sofa, Socken in den Ecken der Wohnung, Krümel wo man nur hinsieht. Das alles ist aus Verursachersicht (zumeist die des Mannes) erst einmal überhaupt kein Problem, dessen er sich annehmen müsste. Denn der Mann weiß, dass Socken und Chipsreste schnell weggeräumt werden können, wobei für den Mann die Frage, wer die Sachen wegräumt, zu diesem Zeitpunkt noch völlig offen ist. Auch der Schweißfleck wird verschwinden, so man ihm nur etwas Zeit gibt. Weiterführende Probleme können ebenfalls dann gelöst werden, wenn sie auftreten, selbst wenn es dann in letzter Konsequenz bedeutet, eine neue Couchgarnitur zu kaufen.

Drehen und wenden Sie es wie Sie wollen, wenn Mutti ihrem Sohn immer alles hinterhergeräumt hat, wie sollte er da die Erfahrung sammeln, dass es auch andere Varianten gibt, die etwas mit seinem eigenen aktiven Tun zu tun haben?

Für die Frau, so kommt es uns Männern jedenfalls oft vor, ist dies ein persönlicher Angriff. Ein Affront gegen das gemütliche zu Hause. Hier sind wir nun bei einem Thema angelangt, wo sich ebenfalls unterschiedliche Wahrheiten aufgrund von Erfahrungen eines Lebens gebildet haben.

Denn auch der Punkt, was überhaupt ein gemütliches Zuhause ist, oder besser, wie es zu gestalten ist, ist etwas sehr subjektives und Persönliches, weswegen es vielen Paaren oft schwerfällt, bei der Gestaltung der Wohnung einen gemeinsamen Nenner zu finden.

Für Männer ist ein zu Hause in erster Linie der Rückzugsort von allem Anderen. Eine Trutzburg, in der er denkt „Ich hier drin, alle anderen da draußen, Götz von Berlichingen".

Denkt man näher darüber nach, so ist es also oftmals so, dass „Zu Hause" als der Ort definiert wird, an dem man nicht auf Vorgesetzte hören muss. Ein Ort also, wo einem keiner Anordnungen erteilen soll. Wo er der sein darf, der er in diesem Moment sein will und wo er nicht haben will, was er nicht ertragen kann oder aus seiner Sicht am Tag schon zu lange ertragen musste. Aber auch der umgekehrte Fall ist hier durchaus möglich. Denn wer selbst etwas im Arbeitsleben zu sagen hat und wem die Unzulänglichkeiten der Mitarbeiter oder der Kunden belastet, der ist oft auch in seinen eigenen vier Wänden etwas ordentlicher. Wer sich bislang also gefragt hat, warum bei vielen Unternehmern und Managern das Eigenheim fast schon steril wirkt, der hat nun eine Antwort bekommen. „Zu Hause ist" für die meisten Männer immer „das Gegenteil von dem, was das Andere da draußen ist".

Zugegeben, eine irgendwie dumm wirkende Einstellung. Denn ich könnte ja auch „das Andere da draußen" für mich persönlich ändern. Doch stattdessen wird zugelassen, dass es in der Umkehrung einen großen Einfluss auf das übrige, das private Leben hat. Aber was will man denn auch machen, wenn man seine gesamte Kindheit über vernommen hat, dass Vater keine Zeit zum spielen hat, er bei der Arbeit ist, damit die Familie Geld zum Leben hat. So ist uns in gewisser Weise beigebracht worden, dass Arbeit nicht schön, sondern ein notwendiges Übel ist, welches wohl (zumindest früher) in der Hauptsache von der männlichen Bevölkerung ausgeübt wird. Viele Männer haben also schon früh gelernt, dass Arbeit das Gegenteil von zu Hause ist.

Nicht ganz überraschend ist das bei der Frau etwas anders, und auch das hat seinen Ursprung in der über Jahrtausend bestehende Rolle der Frau in der Gesellschaft. Nein, es geht hier nicht um einen „genetisch bedingten Nestbautrieb", es geht vielmehr darum, dass der Ort, an dem sich am längsten aufgehalten wird, an dem man lebt, nicht nur gegen die Außenwelt „schützen", sondern eben auch schön sein soll. Sicher, in der heutigen Zeit arbeiten viele Frauen oftmals genau so lange und hart, wie die Männer. So kann es mittlerweile durchaus auch vorkommen, dass auch für sie das „Zu Hause" einfach nur ein Ort der Ruhe und Entspannung sein soll, der einen von dem Leben da draußen abschirmt. Aber auch hier spielt es eine große Rolle, was man bei seinen Eltern mitbekommen hat. Wenn also die Mutter dazu neigte, die eigenen vier Wände mit diversen Utensilien zu verschönern, dann wird dies die moderne, arbeitende Frau auch tun. Das führt dann zu einem regen Absatz von mit was auch immer geflochtenen Kugeln oder Herzen, bei denen sich die Männer häufig fragen, wie man für derartige Dinge Geld ausgeben kann.

Was das eigene Zu Hause betrifft, gab es aber immer schon einen weiteren gemeinsamen Nenner. Sowohl die Männer als auch die Frauen wünschen sich „Energie" von ihrem Zuhause. Eben nur auf unterschiedliche Arten. Doch genau diese Unterschiede führen leider oft dazu, dass dem jeweils anderen Geschlecht noch mehr Energie entzogen wird. Das endet dann letztlich nicht in einem Erholprozess, sondern im Streit. Man hat es einfach anders gelernt und versteht die

Sichtweise des Partners nicht wirklich. Somit wird den meisten Männern vorgeworfen, die Wohnung in eine Art Müllhalde verwandeln zu wollen. Naja, und die Männer werfen dies den Frauen irgendwie auch vor. Nur, dass der Begriff „Müll" für sie anders definiert ist. Halt irgendwie eher rund oder herzförmig.

Die Führungsrolle in der Beziehung

Unterschiedliche Wahrheiten gibt es auch bei der Frage, wer eigentlich die Führungsrolle in der Beziehung innehat. Denn egal, mit wem man spricht, wenn man in den mehr oder weniger funktionierenden Beziehungen die unterschiedlichen Geschlechter fragt, wer denn die eigentlichen Hosen anhat, dann lächeln die Frauen oft. Wir Männer gucken unsicher zu unseren Partnerinnen und geben dann in einem liebevollen, oftmals auch gütigem aber auch leicht unterwürfigen Ton zu, dass es die Frau sei.

Es gibt natürlich auch den umgekehrten Fall. Aber der Mann, der sich voller Inbrunst dazu bekennt, dass ohne ihn in der Beziehung nichts läuft, wird sich kurze Zeit später mindestens einem Problem gegenübersehen. Selbst, wenn es nur bedeutet, dass es der Frau wegen ihrer Migräne nicht gut geht und er sich das Essen heute selbst zubereiten müsse. Oftmals stellt sich uns Männern in derartigen Situationen auch erstmalig die Frage, wie man überhaupt Kinder beschäftigt. Wohl dem, der eine Spielekonsole besitzt. Allerdings rückt das Einsetzen der Selbigen als Freizeitbeschäftigung für die Kleinen oftmals die gerade vermeintlich errungene Herrschaft über die Familie in ein realeres, der Wahrheit näherkommendes Licht. Könnte man denken.

Die Wirklichkeit sieht manchmal nämlich ein wenig anders aus. Denn Männer wissen, dass es zwar ein paar wenige Frauen gibt, welche die vermeintlich „untergeordnete Rolle" der Frau nahezu bedingungslos akzeptieren, da sie vermeintlich selbst unter einem strengen Patriarchat des eigenen Vaters aufgewachsen sind. Diese führen dann oft ein wunderbares, gutes Leben, bei dem sie ihre irgendwie nicht genau zu definierende innere Unzufriedenheit am Abend mit ein, zwei Gläsern Rotwein betäuben.

Männer wissen jedoch auch, dass viele Frauen glauben, dass sie die wahren Herrscher in der Beziehung sind. Sie rühmen sich darin, dass sie uns Männer, ihren Liebsten manipulieren können, indem sie ihm ihre eigenen Ideen so geschickt einflüstern, dass die Männer am Ende glauben, dass es ihre eigene Idee gewesen wäre. Sie denken, dass somit alles gut sei, sie haben ihren Willen, und der Mann fühlt sich stark, weil er wieder mal gezeigt hat, wo es langgeht.

Aber liebe Damen, fällt Ihnen etwas auf? Alleine, dass diese perfide, geschickte, höchst manipulative und vor allem „geheime" Vorgehensweise hier so klar von einem Mann formuliert worden ist sollte Ihnen zu denken geben. Männer wissen davon, und glauben Sie es oder nicht, wir nutzen dieses Wissen, um das zu erreichen, was uns in unserem eigenen Leben am Wichtigsten ist:

Ruhe.

Lassen Sie mich dies an einem weiteren Beispiel erklären. Wissen Sie, eine der grundlegendsten Unterschiede zwischen Mann und Frau ist es, dass uns Männern im Leben nur wenige Dinge wirklich wichtig sind. Oftmals werden wir als „große Kinder" bezeichnet, weil wir manchmal so leicht zu beschäftigen sind. Es kommt oft auch zu Streitigkeiten, weil viele Männer es den Partnerinnen überlassen zu entscheiden, was als nächstes getan wird. Beispielsweise wohin der nächste Ausflug geht, der nächste Urlaub oder sei es nur die Wahl des Restaurants oder des Kinofilms am Abend.

Frauen denken dann, wir sind nicht in der Lage, Entscheidungen zu treffen. Sie denken (und formulieren dies auch offen), dass sie nicht in der Entscheidungsrolle alleine gelassen werden wollen. Oder sie halten ihren Partner sogar für schwach, weil er immer alles das tut, was sie ihm sagt. Vielleicht liegt hierin ein Überbleibsel des Patriarchates, nach dem Motto „Emanzipation schön und gut, aber hau doch bitte mal auf den Tisch und sage doch mal, wo es lang geht".

Glauben Sie mir, wir Männer können sehr wohl Entscheidungen treffen. Aber das „Wie" oder „Was" ist uns oftmals egal. Harmonie und Ruhe sind uns wichtiger als eine mögliche Diskussion darüber, warum wir denn nicht etwas Anderes machen sollen.

Die Männertaktik ist einfach, wenn die Frau entscheidet, kann sie sich im Nachhinein nicht beschweren (obwohl es kurioser Weise viele Frauen dennoch tun).

Bedenken Sie zudem, was die Alternative wäre. „Schatz, was hältst du von ´nem schönen Abend vor der Spielekonsole mit Chips und Bier". Oder „lass uns bei McDonalds essen gehen und danach den neuen Science-Fiction-Film im Kino gucken". Mal ehrlich, wären Sie dann zufriedener? Die Mehrzahl der Frauen hält das wahrscheinlich nur einmal aus. Danach wird ihre Migräne wieder zuschlagen.

Wenn ein Mann mit Ihnen etwas unternehmen möchte, dann geht es für ihn um Zeit, die er mit Ihnen verbringen möchte (oder muss). Es muss schon ein völlig abwegiger Vorschlag sein, damit der Mann sein Veto einlegt. Der gemeinsame Yoga-Kurs oder ein Ausstellungsbesuch zeitgenössischer Kunst von Menschen mit Hämorrhoiden, also etwas, wo eine mögliche Diskussion, ja selbst ein Streit erstrebenswerter ist, als das drohende Ziel.

Wir Männer mussten somit ein eigentlich unlösbares Problem lösen: Der Frau zum einen das Gefühl geben, entschieden zu haben, was wie gemacht wird, und zum anderen dies so anzustellen, dass sie sich nicht in der Rolle sieht, permanent entscheiden zu müssen. Die Lösung war so einfach wie brillant. Wir gaben den Frauen das Gefühl, uns Männer manipulieren zu können. Dadurch denken viele Frauen, dass sie ihren Willen bekommen, und deren Partner bekommen ihre Ruhe. Genau dadurch schaffen die Männer es oftmals, eine Beziehung zusammenzuhalten, an der ihnen wirklich etwas liegt.

Nein, zweifeln Sie diese These nicht an, denn wenn Sie ehrlich sind, ist es doch genau das, was Sie an Ihrem Partner am allermeisten lieben. Problematisch wird es nur, wenn der Mann sich wehrt und es in Entscheidungsfragen häufig zum Streit kommt. Dann stimmt etwas nicht in der Beziehung. Doch darauf werden wir erst später noch eingehen.

Das Frauen über die „Führungsrolle in einer Beziehung" eine andere Meinung haben werden, wird erst einmal nicht überraschen. Aber schauen wir uns noch folgenden interessanten Punkt an: Einige Frauen behaupten von sich selbst, sich manchmal selbst nicht zu verstehen. Dies löst bei einigen Männern jetzt wohl Genugtuung aus, denn sie wussten es ja schon immer. Mich verwunderte diese sehr offene und ehrliche Aussage allerdings sehr. Doch mit je mehr Frauen ich sprach, desto mehr Bestätigung erhielt ich. Einige von ihnen konnten mir sogar Beispiele nennen. Zudem auch einen

Grund für das Ganze: Macht. Nun ja, zugegeben, dieser Begriff ist in dem Zusammenhang nicht ganz der passende. Aber er hat tatsächlich etwas mit der „Führungsrolle" innerhalb von Beziehungen zu tun.

Aber der Reihe nach. Frauen wissen, dass sie manchmal Zicken sind. Sie wissen auch, dass sie ab und an streiten, obwohl ihnen bewusst ist, dass sie im Unrecht sind. Der entscheidende Antrieb für derartige Verhaltensweisen scheint jedoch der zu sein, dass man durch die bloße Vertretung des Gegenargumentes seinem Gegenüber zeigt, dass man ebenfalls in der Lage ist, mit Entschlossenheit dagegenzuhalten. Wogegen ist offenbar völlig irrelevant. Es geht nur um das „Dagegen".

Bleibt die Frage, warum das so ist. Vielleicht hat es erneut etwas mit unserer zu lange währenden patriarchalischen Gesellschaftsform zu tun. Oder mit Emanzipation, wobei diese als Gegenbewegung zum Patriarchat untrennbar mit diesem verknüpft ist. Denn gäbe es das Eine nicht, wäre es nie zum anderen gekommen.

Das Patriarchat führte mehr oder weniger zur Unterdrückung der Frau. Mehr oder weniger deshalb, da der Ursprungsgedanke in grauer Vorzeit nicht unbedingt mit Unterdrückung zu tun haben musste. Letztlich haben die meisten Männer in patriarchischen Gesellschaften ihre Rolle von ihren Eltern und somit auch von ihrer Mutter vermittelt bekommen und wurden als „Ernährer und Beschützer" erzogen. Deshalb wollte die Mehrheit von ihnen tatsächlich gar nicht über das andere Geschlecht „herrschen" oder verschwendete auch nur einen Gedanken daran. Es wird jedoch auch so gewesen sein, dass die lediglich auf die Familie beschränkte Rolle der Frauen diesen vielleicht irgendwann zu langweilig wurde. Oder sie bekamen erst gar keine Familie. Es entwickelte sich somit vermutlich das „subjektive" Gefühl, ungleich behandelt zu werden. Das ist auch im höchsten Maße logisch, denn das macht ja ein Patriarchat oder auch ein Matriarchat aus. Den Geschlechtern werden unterschiedliche Rollen zugewiesen. Doch so oder so, zum Vergleich gab es eben nur die Rolle des Anderen. Man glaubte also zu entdecken, dass der Mann viel mehr durfte als „Frau" selbst. Somit war die Idee geboren, dass auch haben zu wollen, ob ich es nun brauche oder nicht.

Ich bin mir im Übrigen darüber im Klaren, dass sich nach den bisherigen Aussagen bei einigen Damen langsam aber beständig etwas Unmut breitmacht. Doch gemach. Ich rede hier von „normalen Männern", nicht von Männern, die bewusst Frauen unterdrücken und peinigen, weil sie im Leben sonst zu schwach sind, um sich gegen andere Durchzusetzen. Davon gibt es leider viel zu Viele, und sollten Sie so jemanden zu Hause haben, rate ich Ihnen, sehr schnell wegzulaufen. Es gibt bessere, und zwar überall.

Ich rede auch nicht von den Gesellschaften oder Kulturen, die entweder in der Vergangenheit oder eben auch noch heute dem Irrglauben verfallen sind, dass Männer „besser" sind. Zu deren Entschuldigung kann man allenfalls anführen, dass sie es in der Regel nicht anders beigebracht bekommen haben. Trotzdem sollte eigentlich jeder dieser Männer so viel Intelligenz besitzen um zu erkennen, dass sowohl Frauen als Männer Menschen sind, keine unterschiedlichen Spezies. Beide brauchen einander, ansonsten wäre die Menschheit bereits ausgestorben. Alles, was man tun muss, um diese Erfahrung in sein Denken zu integrieren, ist offenen Auges durch die Welt zu gehen. Allerdings benötigt man zudem auch die Größe, etwas in seinem Handeln ändern zu wollen. Aber wahrscheinlich liegt bei den Männern, die ihr Geschlecht nach wie vor für etwas Besseres halten, genau hier das Problem. Es ist halt doch immer eine Frage der Größe, wenn Sie verstehen, was ich meine.

Entscheidend für das geschilderte „Dagegenhalten" der Frau ist bei diesem Thema jedoch das angesprochene subjektive, möglicherweise unbewusste Gefühl, ungleich behandelt zu werden. Der innere Drang, sich gegen die seit jeher bestehende Unterdrückung aufzulehnen. Denn dieses Gefühl scheint auch durch unsere Eltern, die Medien, unserer Kultur und unserer Gesellschaft tief in unseren Erfahrungen abgespeichert worden zu sein. Ob es nun tatsächlich in jedem Fall oder besser gesagt bei jedem Mann Sinn macht oder nicht. Wenn wir nun einfach mal davon ausgehen wollten, dass es auf diesem Planeten mehr vernünftige Männer gibt, als es einige Damen vielleicht annehmen mögen, dann könnte es tatsächlich sein, dass Frauen sich selbst aufgrund ihrer erlernten Erfahrungen unterbewusst für schlechter halten. Da ihr Verstand ihnen aber zurecht sagt, dass das völliger Blödsinn ist, lehnen sie sich in bestimmten Situationen gegen dieses Gefühl auf. Sie halten dagegen, auch wenn sie wissen, dass der Andere recht hat. Es geht um eine Demonstration der eigenen Stärke, nicht um logisches Denken oder um Fakten.

Das wiederum könnte zu folgender Kausalität führen: Der (gute) Mann will für seine Partnerin da sein und sie beschützen, weil ihm diese Rolle so beigebracht worden ist. Sie fühlt sich jedoch unterbewusst unterdrückt, wehrt sich gegen den Beschützerinstinkt des Mannes und hält dagegen, um dem Drang nachzugeben, den eigenen Wert als gleichberechtigter

Mensch zu demonstrieren. Er wiederum versteht überhaupt nicht, was sie von ihm möchte, und zweifelt gegebenenfalls an ihrem Verstand. Was ihm, wenn er nicht ganz so viel im Kopf hat, dazu veranlassen könnte, sich als etwas Besseres zu fühlen.

Wollen Sie meine ehrliche Meinung zu dem ganzen hören? Lassen wir doch einfach diesen Blödsinn. Wir können uns zwar gerne noch Jahrzehnte oder Jahrhunderte lang darüber streiten, wem nun die Sandschüppe zusteht und wer deswegen die Macht hat. Oder wir sehen endlich ein, dass es bei beiden Geschlechtern ausreichend vernünftige Menschen gibt, die mit einer Ungleichbehandlung der Geschlechter, in welcher Form auch immer, nichts anfangen können. Gleichberechtigung ist ein Thema, das man nur gemeinsam durchsetzen kann. Jeder intelligente Mensch weiß, dass es bis auf die geschlechtsspezifischen keine wesentlichen Unterschiede zwischen Männern und Frauen gibt. Kluge Menschen wissen zudem, dass Gleichberechtigung auch nichts mit einer Herabsetzung oder Benachteiligung des Mannes zu tun hat. Insofern führen uns auch Quoten ganz sicher nicht zum Ziel. Welche Frau möchte denn überhaupt für ein Unternehmen arbeiten, bei dem die Denkstrukturen dermaßen veraltet sind, dass sie das Potential, die Ressourcen der Frauen nicht erkennen? Gehen Sie doch einfach woanders hin, denn in solchen Unternehmen werden Sie sowieso nicht glücklich. Dort müssen Sie allenfalls Tag für Tag Ihren Wert auf das Neue beweisen. Diese Energie würde ich mir sparen. Seien Sie also selbstbewusst und pfeifen Sie drauf. Entdecken Sie Ihre eigene Stärke. Davon profitieren alle in der Gesellschaft. Vor allem aber auch Ihr Partner, der nun kein sinnloses Streitgespräch mehr führen muss.

Somit müssen wir uns auch nicht mit der Frage beschäftigen, wer denn nun in Beziehungen tatsächlich die „Hosen" anhat. In einer guten Beziehung gar keiner, weil dort jeder den anderen mit allen seinen Stärken und Schwächen akzeptiert, ihn respektiert und diesen einfach so sein lässt, wie er ist. „Bestimmer" gab es im Kindergarten und vielleicht auch noch in der Grundschule. Doch nun führen wir Beziehungen. Beziehungen zweier völlig gleichberechtigter Menschen. Es muss also keiner geführt werden, und somit bedarf es auch keiner Führungsrolle.

Der Gedankenleser

Ich bin ehrlich. Bis weit in meine Dreißiger habe ich angenommen, dass Frauen einfach nicht logisch denken können. Dies lag in erster Linie daran, dass ich in diversen Gesprächen mit Vertretern des anderen Geschlechts selbst große Probleme hatte, auch nur ansatzweise zu verstehen, was von mir verlangt oder mir mitgeteilt wurde. Es machte für mich keinen Sinn. Häufig dachte ich, ich müsse schon telepathisch veranlagt sein, wenn ich überhaupt eine Chance haben wollte, genau zu wissen, was eigentlich von mir verlangt wurde. Das bringt uns nun zu einem Punkt, der für manche Frauen möglicherweise überraschend sein wird. Aber es ist tatsächlich so:

Männer können keine Gedanken lesen.

Jeder Mann kennt dieses Problem. Sei es durch den verschlüsselt geschilderten Geschenkewunsch zu Weihnachten, oder durch einen simplen Satz wie „Schatz, die Lampe ist kaputt". Oft fehlen uns Informationen, die zum eindeutigen Verständnis eines Satzes oder auch einer Situation notwendig sind. Doch kurioser Weise gehen die meisten Frauen davon aus, sich mit derlei Aussagen klar und deutlich Ausgedrückt zu haben. Allerdings ist dies nicht so. Zumindest nicht aus der Sicht des Mannes. So könnte beispielsweise der Satz mit der kaputten Lampe vieles bedeuten. Vielleicht einfach nur eine Feststellung? Eventuell möchte die Dame des Hauses auch eine neue kaufen, oder zumindest eine neue Glühbirne. Will sie sie vielleicht selbst reparieren? Ja, und letztlich könnte sie mit diesem Satz auch ihren Partner aufgefordert haben, sich der Sache anzunehmen. Nur wie soll er auf Basis eines in seinen Augen völlig unvollständigen Satzes genau wissen, was er nun tun soll?

Kritisch werden solche kommunikativen Probleme jedoch dann, wenn sie zum Beispiel ihre Koffer packt, und er nicht verstehen *kann*, warum sie ihn verlässt. Als Antwort bekommen die Männer dann häufig, dass sie so oft so viele Hinweise bekommen hätten, dass die Ex-Partnerin in Spe unglücklich gewesen sei. Glauben Sie mir, die meisten Männer wissen in diesen Momenten wirklich nicht, wovon die Damenwelt redet. Wenn dann Beispiele für die erwähnten Hinweise gegeben werden, versteht der Mann dann oftmals überhaupt nichts mehr.

Derartiges passiert innerhalb von Beziehungen nicht gerade selten. Die Frau sagt etwas, doch dem Mann fehlen etliche Informationen um zu verstehen, was seine Partnerin ihm überhaupt mitteilen möchte. In manchen Beziehungen versuchen sich die Männer diesbezüglich anzupassen. Sie sammeln mit der Zeit die Erfahrung, dass Aussage, Tonfall, Gesichtsmimik und Gesten sich in bestimmten Situationen gleichen. Dann mutmaßen sie anhand ähnlicher, bereits erlebter Situationen das, was die Dame des Hauses möchte. Damit liegen sie dann zwar oft, aber eben nicht immer, richtig. Das führt dann zu Aussagen des Mannes, die mit „Ich dachte, du wolltest" beginnen, und von vielen Frauen häufig als Beginn einer Ausrede angesehen werden. Viele Frauen halten ihre

Partner sogar für „dumm", da sie so einfache Dinge gar nicht begreifen würden. Oder aber sie vermuten, dass seitens des Partners nicht genügend Interesse bestünde, weswegen er einfach nicht genau zuhören würde. Beides ist falsch. Männern fehlen einfach nur zusätzliche, genaue Informationen.

Die Frage, die sich nun stellt, ist, warum das so ist. Warum sagen viele Frauen Dinge, die für sie selbst klar und eindeutig sind, aber für den Mann bestenfalls als Halbinformationen gelten? Die meisten Frauen müssen also irgendwo Erfahrungen gesammelt haben, aufgrund derer sie sich diese aus Männersicht unvollständige Kommunikationsform angeeignet haben.

Was dies betrifft, habe ich eine Theorie. In meinen Augen liegt des Übels Wurzel eventuell mal wieder in der Kindheit. Genauer gesagt stand oder lag es wahrscheinlich im Kinderzimmer. Denn wie es sich hinsichtlich des traditionellen, geschlechtsspezifischen Spielzeuges aus der Sicht von patriarchalisch geprägten Eltern gehört, wird die Tochter mit Puppen gespielt haben. Obwohl wir uns heutzutage in Zeiten des gesellschaftlichen Umbruchs vom Patriarchat weg hin zur Gleichberechtigung befinden, ist dies immer noch oft so. Mädchen spielen mit Puppen, Jungs mit Autos. Doch was soll das nun mit der unvollständigen Kommunikation von vielen Frauen zu tun haben? Ganz einfach, in Puppenhäusern oder auch in der vergnüglichen Runde von diversen Puppen, Teddybären und anderen Figuren gab es zumeist immer auch den männlichen Part. Es musste also nicht immer zwingend Ken sein.

Ich selbst habe als Mann nicht viel mit Puppen gespielt. Im Nachhinein betrachtet könnte ich Ihnen auch nur eine Menge über die Rolle meine Mutter in der Familie sagen. Was jedoch meinen Vater betrifft, war er derjenige, der meistens bei der Arbeit war oder zu Hause auf dem Sofa lag. An Unterhaltungen zwischen meinen Eltern kann ich mich fast gar nicht erinnern. Nicht, dass es diese nicht gab, ich war einfach nur nicht dabei. Ich hatte allerdings als Kind auch nicht das Problem, derartige Gespräche beim Spiel mit den Puppen nachzustellen. Viele Frauen jedoch schon.

Ich habe mit einigen darüber gesprochen. Was die Rolle der männlichen Puppe betrifft, war es offensichtlich tatsächlich bei den Meisten so, dass diese Figur einfach nur „dabei" war, am Tisch saß, sich bekochen ließ oder zur Arbeit fuhr. Ganz so, wie es in den Erfahrungen des Kindes verankert war. Somit ergab sich wohl das Problem, dass beim Nachstellen der familiären Situation im Puppenhaus der männliche Part nur „reagieren" konnte. Nämlich auf die Gedanken des spielenden Mädchens, welche die fehlenden Informationen über den Vater durch ihre Vorstellung ihrer Phantasiewelt notgedrungen dazu dichtete. Die „Puppenmutter" sagte etwas, der „Puppenvater" wusste sofort, was sie genau meinte. Egal, wie es nun ausgedrückt wurde. Denn beide wurden von ein und derselben Person „gesteuert".

Wenn ich darüber nachdenke, wurde mir das selbst sogar manchmal an anderer Stelle zum Verhängnis. Denn immer dann, wenn ich mit einer Kindergartenfreundin „Vater, Mutter, Kind" gespielt habe, wurde mir von ihr gesagt, wie ich mich als Vater verhalten solle. Glauben Sie mir, ich habe es oft falsch gemacht. Zumindest aus der Sicht der „Spielleiterin". Der männliche Part war also im Kopf des Mädchens, und nur dort funktionierte er auch so, wie sie sich es vorstellte. *Weil* sie es sich vorstellte. Der „Mann" war also immer der, der auf die spielerischen Gedanken reagiert hatte. Man musste ihm nicht viel sagen und es funktionierte hervorragend.

Doch die Übertragung dieser Erfahrungen auf die reale Männerwelt funktioniert leider weniger gut. Denn in der Realität haben die Männer tatsächlich eigene Gedanken und Erfahrungen, mit denen sie ihr Handeln begründen und rechtfertigen. Und eines können sie eben ganz bestimmt nicht, die Gedanken der „Spielleiterin" erraten.

Sicher, ob das Spiel mit Puppen tatsächlich die geschilderten Kommunikationsprobleme zwischen Frau und Mann erklären kann, ist wie gesagt nur eine Theorie. Doch die geschilderten Kommunikationsprobleme sind leider keine. Um hierfür eine Lösung zu finden versuchen Sie doch einfach mal Ihrem Partner so genau wie möglich zu sagen, was Sie möchten. Dies sollten Sie im Übrigen immer tun, denn störungsfreie Kommunikation gehört zur absoluten Grundlage einer funktionierenden Beziehung. Das gilt für Frauen ebenso wie für Männer.

Geschlechterkommunikation

Nun, diese typischen Beispiele aus unserem Beziehungs-alltag haben bereits schon eines deutlich gemacht. Viele Probleme in Partnerschaften beruhen auf der Unkenntnis der jeweils anderen subjektiven Wahrheit.

Doch nicht zuletzt auch durch den bereits angesprochenen Umbruch, weg von einer patriarchalischen Gesellschaft hin zu einer gleichberechtigten, ergeben sich zudem noch weitere Probleme innerhalb von Beziehungen. So laufen manche Dinge, die früher in Beziehungen grundsätzlich gar nicht mal schlecht funktioniert haben, plötzlich ins Leere.

Diejenigen unter Ihnen, die die alten Zeiten noch mitbekommen haben, können sich bestimmt noch daran erinnern, als sie ein mehr oder weniger unbeschwertes Leben bei ihren Eltern führten. Die Rollenverteilung war wahrscheinlich noch klar definiert. Die Mutter kümmerte sich um den Haushalt, und der Vater kam am Abend müde von der Arbeit und hatte den „Blues". Beide waren sich ihrer vom Patriarchat zugewiesenen Rolle vollkommen bewusst und füllten diese aus. Somit brachte sie ihm ein Bier, und er konnte erzählen, wie schlimm es auf der Arbeit wieder einmal war. Sie nickte höflich, er konnte sich den Frust von der Seele reden und am Ende konnte er mit einem Bier in der Hand die Sportschau gucken. Sie war auch glücklich, weil sie nun wieder ihre Ruhe hatte.

Diesen beschriebenen Vorgang ordnet man der „Psychohygiene" zu. Damit ist gemeint, dass sich ein Mensch, den etwas bedrückt, Luft verschaffen und es aus seinem Kopf

„herauslassen" kann. Somit wird es ausgesprochen und ist fortan nicht mehr so belastend.

Selbstverständlich hatte auch die Frau Redebedarf aufgrund der Tücken ihrer eigenen Vollzeitbeschäftigung als Hausfrau und Mutter. Aber letztlich war sie auch eine Meisterin im Strukturieren ihrer eigenen Abläufe. Deswegen wusste sie, dass es nicht der richtige Zeitpunkt dafür war, wenn der Mann nach Hause kam.

Heutzutage sieht dies ein kleinwenig anders aus. Wenn er von der Arbeit kommt, ist sie vielleicht selbst noch unterwegs. Wenn dann beide am Abend auf dem Sofa oder am Esstisch sitzen, dann werden sie nun jeweils einiges zu erzählen haben. Eben das, was sie bedrückt und was nun eigentlich aus ihrem Kopf müsste. Jedoch wollen sie auch eines ganz bestimmt nicht, von noch mehr Problemen hören, mit denen sie sich dann irgendwie auseinandersetzen sollen oder müssen. Insofern endet der Versuch, ein „befreiendes" Gespräch zu führen oftmals im Streit, oder man versucht es erst gar nicht mehr.

Ein solcher Austausch ist jedoch wichtig. Für beide. Denn findet er nicht statt, so besteht erneut die Gefahr, dass in einem der unterbewusste Gedanke wächst, dass sich der Partner überhaupt nicht für die Probleme des Anderen interessiert. Doch selbst wenn ein solches Gespräch immer noch in irgendeiner Form stattfindet, so bewertet man nun die Probleme des Anderen aus seiner eigenen Sicht. Basierend auf den eigenen Erfahrungen mit ähnlichen Problemen umzugehen. Wenn er also sagt, dass ihn die Arbeit kaputt macht, dann sagt sie vielleicht, dass diese Arbeit jedoch Geld einbringt, was für ein besseres Leben benötigt wird. Oder zumindest zum Abtragen der Schulden.

Beide werden recht haben, doch keiner wird den Anderen verstehen. Weil sie ein und dieselbe Situation aus ihren unterschiedlichen Sichtweisen bewerten. Doch es geht nicht um die Beurteilung der Meinung des Anderen. Es geht darum, ihm genau zuzuhören und somit einen Einblick in seine Sorgen zu verschaffen. Wie es früher auch der Fall war. Wenn wir jedoch vor dem Hintergrund unser eigenen Probleme die Sorgen des Anderen abwerten, wird sich der Partner unverstanden fühlen.

Dieses „sich nicht verstanden fühlen" führt nun wiederum zu noch mehr Frust. Es wird begonnen, sich andere Ventile zu suchen, welche die eigenen Probleme ein wenig erträglicher machen. Wenn man Glück hat, dann sind es gemeinsame Aktivitäten, die beiden Spaß machen. Oder aber auch einfach nur Sport, ein Hobby, Ablenkung. Doch so etwas kann auch schnell in fremden Betten enden. Oder im Alkoholismus, und das noch nicht einmal wirklich gewollt.

Aber auch die Tatsache, dass wir uns bisher wahrscheinlich nie so richtig damit auseinandergesetzt haben, dass der Partner nun mal nicht so denkt wie man selbst, führt zu Unverständnis, Enttäuschung und Problemen in Beziehungen. Denn wenn wir im Gegensatz dazu davon ausgehen, er oder sie müsse doch so denken wie man selbst, ist Streit nun mal vorprogrammiert.

Wenn *sie* sich zum Beispiel seit dreißig Jahren darüber ärgert, dass *er* nicht versteht, dass sie, wenn er fragt ob er mit seinen Freunden ausgehen darf, zwar ja sagt, aber eigentlich immer nein meint. Zugegeben, das klingt sehr kompliziert. Aber ich stelle es hier nur so dar, wie es bei uns Männern in der Regel ankommt.

Doch genau das bringt uns zu einem weiteren, vielleicht dem größten Problem der zwischengeschlechtlichen Kommunikation. Wann meint die Frau ja, wann nein, und wann vielleicht? Um eines schon mal vorwegzunehmen, am einfachsten wäre es ja, genau das zu sagen, was man wirklich meint. Zumindest gäbe es dann keine Unklarheiten mehr. Aber aus irgendeinem Grund ist das wohl schwieriger, als *Mann* denkt. Die Frage ist nun also, warum das so ist.

Frauen machen das wahrscheinlich, weil sie die Männer erst einmal nicht unter Druck setzen wollen. So fangen sie teilweise schon in ihrer Kindheit damit an, Fragen zu stellen oder Hinweise zu geben, bei denen sie im Grunde genommen nur eine einzige Antwort erwarten.

„Ich bin als Kind bei meinem Großvater aufgewachsen und es ging uns finanziell nicht sehr gut. Irgendwann einmal habe ich ihn gefragt, ob es ihn nicht entlasten würde, wenn er mich in ein Kinderheim geben würde. Ich wollte in kein Kinderheim, ich wollte in jedem Fall bei meinem Großvater bleiben. Trotzdem ging ich dieses Thema auf die beschriebene Art und Weise an. Denn ich hatte Angst davor, dass es vielleicht doch anders kommen könnte. Hätte ich ihm genau das gesagt, nämlich, dass ich auf gar keinen Fall in ein Kinderheim wolle, so hätte es für ihn bedeutet, dass er nun für den Fall, dass er genau dies vorgehabt hatte, keine „freie Entscheidung" mehr treffen konnte. Denn ich wusste ja, dass er mich liebt. Somit hätte ich ihn mit meinem klar ausgesprochenen Wunsch manipuliert. Genau das wollte ich nicht, weil ich ihn auch über alles liebte. Aus heutiger Sicht weiß ich jedoch, dass ich ihm im Nachhinein, hätte er mein Angebot angenommen, dies zum Vorwurf gemacht hätte. Einfach, weil ich sehr enttäuscht gewesen wäre, nicht die Antwort bekommen zu haben, die ich mir erhoffte und von der ich ausging.

Letztlich denke ich, dass ich ihm teils bewusst, teils unbewusst eine Chance gegeben habe. Ich habe ihm die Freiheit gegeben, seine eigene Ansicht zu äußern, ohne von meinem Wunsch unter Druck gesetzt zu werden. Allerdings beschränkte sich diese gewährte „Freiheit" nur auf einen einzigen Weg: *Meinen*. Dieser gründete sich aber darauf, dass ich Angst davor hatte, dass er mich weggeben würde. Folglich war auch die einzige ihm zugestandene Antwort nicht frei von mir, sondern durch meine Angst vorgegeben. Ich habe ihm also ein Thema gegeben, was mich in diesem Moment sehr belastete. Ich brauchte eine Antwort, aber es musste seine sein. Zum einen, weil ich dann darin bestätigt wurde, dass er mich auch liebte, und zwar aus freien Stücken heraus. Zum anderen, weil ich ihn liebte und ihn nicht bedrängen wollte. Da es aber nur eine einzige Antwort gab, die meine Angst vertreiben konnte, hatte er nur eine einzige Chance, richtig zu antworten."

Nun, wenn diese Rechnung aufgeht, dann ist auch keiner Enttäuscht. Folglich ist wiedermal alles, was Männer können müssen, um eine harmonische Beziehung zu führen, Gedanken lesen. Aber das hatten wir ja bereits. Sie merken trotzdem, wir versuchen hier gerade die Quadratur des Kreises, die Lösung des gordischen Knotens, die Beantwortung der Frage aller Fragen: „Wie ticken Frauen und warum"?

Als ich diese Geschichte zum ersten Mal von Sabina hörte, drehte sich mir zugegebenermaßen etwas der Kopf. Es erschien mir unglaublich kompliziert. Denn wenn ich etwas nicht möchte, dann sage ich es. Ich als Junge hätte also in der

Rolle des Kindes gesagt, dass ich nicht ins Kinderheim möchte, Punkt. Die Gefahr, dass ich dadurch meinem gegenüber möglicherweise seine Antwort in den Mund legen könnte, mit der er dann selbst nicht zufrieden ist, wäre mir nicht bewusst gewesen. Denn er hätte ja genauso klar seine Antwort formulieren können. Wenn er das nicht getan hätte, wäre es sein Problem gewesen.

Vielleicht hätte ich auch erst gar nichts gesagt. Nämlich dann, wenn ich mein Problem selbst als nicht so wichtig empfinde. Zumindest nicht so wichtig, dass ich es dafür riskieren würde, am Ende streiten zu müssen. Oder aber meiner Partnerin weh zu tun.

Wir Männer sprechen also Dinge entweder direkt an, oder aber wir sagen erst einmal nichts, allerdings in dem Bewusstsein, weiter mit diesem Problem leben zu müssen.

Das Beispiel mit dem Großvater ist allerdings eines, bei dem es diesem, was seine einzig mögliche Reaktion betraf, sehr einfach gemacht wurde. Oder anders ausgedrückt, in derartigen Situationen wissen wir Männer in der Regel, was von uns erwartet wird, und wir haben auch kein Problem damit, diese Erwartung zu erfüllen. Zumindest dann, wenn wir unsere Partnerin lieben.

Schauen wir uns aber einmal unter dem bisher herausgefundenen das zuvor genannte Beispiel an. Das, bei dem er sie fragt, ob er mit seinen Freunden ausgehen darf. Nun, alleine mit der Frage macht der Mann bereits deutlich, was er will. Es ist also unsinnig zu glauben, dass er seinen durch die Frage gezeigten Willen aufgrund einer nicht ehrlich gemeinten Antwort der Frau ändern wird. Der Beziehungsaspekt spielt bei uns Männern in solchen Situationen überhaupt keine Rolle. Deswegen kommen wir auch nicht auf den Gedanken, ob wir mit dieser Bitte unserer Partnerin vielleicht signalisieren könnten, dass sie uns nicht wichtig ist. Immerhin fragen wir sie ja, und darin kann man zumindest als Mann eindeutig erkennen, wie viel uns an dem Anderen liegt. Diese für Frauen offensichtlich wichtige Fragestellung beantwortet der Mann somit schon mit der Frage als solcher.

Problematisch würde es erst werden, wenn sie immer nein sagen würde. Erst dann würden wir darüber nachdenken, ob *wir* ihr wichtig sind. Denn wir würden ihr ja immer mitteilen, was wir gerne machen würden, aber sie lehnte es immer ab. Wir hätten damit auch recht, denn wenn jemand über das Leben seines Partners bestimmen will, egal, ob es sich bei diesem Jemand um eine Frau oder einen Mann handelt, geht es diesem Menschen zumeist nur um sich selbst. Wahrscheinlich, weil er ein Problem mit sich selbst hat. Hinter so etwas liegt zumeist eine auf totale Verunsicherung hinsichtlich der eigenen Person basierende Verlustangst und die sich daraus ergebene Eifersucht. Dinge also, die eine Beziehung über kurz oder lang ganz sicher zum Scheitern bringen werden.

Aber wenn wir davon ausgehen, dass die Beziehung im „Ja/Nein-Beispiel" auf einem relativ soliden Fundament steht, dann besteht auch gar keine Möglichkeit, ihn mit einer ehrlich gemeinten Antwort unter Druck oder gar die Beziehung aufs Spiel zu setzen. Denn bestünde diese Gefahr tatsächlich, würde er wahrscheinlich diese Frage gar nicht stellen, da ihm das Risiko eines Konfliktes zu groß wäre. Oder aber er würde einfach gehen, weil ihm die Beziehung egal ist. Doch auch dann hätte seine Partnerin eine schlüssige, ehrliche Antwort, wie er zu ihr steht.

Unter (relativ) objektiven Gesichtspunkten ist die beschriebene weibliche Herangehensweise in ein derartiges Gespräch also unlogisch und für alle Beteiligten verwirrend. Aber woher kommt diese Eigenschaft, diese Erfahrung, derartige Gespräche genau so anzugehen? Wo werden Frauen diesbezüglich geprägt, und warum Männer nicht?

Als Grund für diese Art kommunikativer Prägung könnten mehrere Dinge ursächlich sein. Zum einen wäre da erneut die unterschiedliche Erziehung. Oder besser gesagt an den unterschiedlichen Rollen innerhalb der Familie. Der typische Vater in einer Familie ist für viele Kinder zumeist der Elternteil, den sie weniger sehen. Weil er ja die Rolle des Brotverdieners ausfüllen muss, während sich die Kinder in der frühkindlichen Entwicklungsphase befinden. Es gibt zwar Versuche, dem ein wenig entgegenzusteuern, in dem es dem Mann möglich gemacht wird, über die gesetzlich geregelte Elternzeit stärker in dieser Entwicklungsphase präsent zu sein, doch hält sich die Annahme dieser Möglichkeit durch die Herrenwelt immer noch in Grenzen.

Insofern ist zumeist immer noch unsere Mutter in den frühen Phasen unserer Prägung präsenter. Deswegen könnte der Grund für diese seltsam anmutende Form des Redens einfach daran liegen, dass die Tochter die Art und Weise der Kommunikationsform der Mutter imitiert und übernimmt. Doch dann müssten auch die Jungs so reden, die ja ebenfalls in dieser frühkindlichen Phase in der Regel ihre Mutter als Hauptbezugsperson hatten. Doch das tun sie nicht. Der mögliche Grund muss also woanders liegen.

Ich denke, wir sind hier erneut beim „Puppenhausproblem" angelangt. Denn bei den verschiedenen Auslegungsmöglichkeiten der „Jas" und „Neins" oder „Vielleichts" der

Frauen spielt eben zur Auslegung der wahren Bedeutung des Gesagten wieder die Gefühlswelt, das innere empfinden der Senderin eine Rolle. Es ist wie bei dem Beispiel mit dem Großvater. Frauen scheinen in manchen Situationen zwiegespalten zu sein. Weil sie nicht direkt sein möchten, da sie nicht genau wissen, wie der „männliche Andere" reagieren könnte. Denn der Partner soll nicht in irgendeine Richtung gedrängt werden. Trotzdem kommt für sie im Grunde genommen immer nur eine mögliche Reaktion in Frage. Beim Puppenvater hat das immer funktioniert, der hatte sofort erkannt, was die Dame des Hauses wirklich möchte.

Untereinander kennen Frauen dieses Problem im Übrigen nicht. Nicht, weil sie einen besseren Einblick in ihr gegenseitiges Gefühlsleben haben. Nein, sie gebrauchen untereinander die Worte „Ja", „Nein" und „Vielleicht" in der klarsten und reinsten Form. So wie sie es sich untereinander sagen, meinen sie es tatsächlich auch. Auch das spricht in meinen Augen für die Theorie mit den Puppenhäusern. Gespräche mit dem Vater fanden aus den genannten Gründen in der Regel viel seltener statt. Aus der sich dadurch ergebenen Unsicherheit musste eben improvisiert werden.

Sollten Sie im Übrigen zu den Frauen gehören, die sich auch seit geraumer Zeit darüber ärgern, dass ihr Partner ihr „Ja" nicht als das „Nein" verstehen will, wie es eigentlich gemeint war, dann ändern Sie doch einfach mal ihre Herangehensweise. Sagen Sie ihm unmissverständlich, was Sie tatsächlich von ihm erwarten. Sie werden sich wundern.

Das Zuhause der Angst: Das Unterbewusstsein

Es ist nicht überraschend, dass uns unsere persönlichen Erfahrungen gerade auch unsere partnerschaftlichen Beziehungen verkomplizieren. Denn dass uns bei geschlechtsspezifischer Erziehung diverse unterschiedliche Prägungen auf unserem Weg mitgegeben werden, wissen wir ja bereits. Doch persönliche Erfahrungen haben nicht nur direkten Einfluss auf unsere Beziehungen, indem sie unser Verhalten innerhalb dieser prägen. Sie nehmen auch indirekt Einfluss auf unser Leben. Ihnen kommt sogar eine oftmals wesentlich größere Bedeutung zu, als uns manchmal bewusst ist. Das trifft es sogar ziemlich genau. Denn auch unser Unterbewusstsein nutzt unsere Erfahrungen. Aber auch wenn unser Unterbewusstsein manchmal ziemlich mächtig erscheint, so ist es in einigen Situationen nicht immer hilfreich für uns. Auch, wenn das Unterbewusstsein selbst das wohlmöglich anders sieht.

Es will uns nämlich schützen, und das kann in der Tat in einigen Situationen sehr nützlich sein. Zu diesem Zweck benutzt es unter anderem auch die Angst.

Für viele Menschen hat die Angst nicht gerade den besten Ruf. Doch wenn man sie einmal genauer betrachtet, so haben wir eigentlich nur vor zwei Dingen Angst. Zum einen vor den Sachen, die wir nicht kennen oder die wir nicht einschätzen können, zum anderen vor den Dingen, bei denen wir bereits negative Erfahrungen gemacht haben und die wir in Folge dessen nicht ein weiteres Mal erleben wollen.

Ersteres ist bereits im frühen Kindesalter so. So beginnen viele Kinder irgendwann im ersten Lebensjahr damit, zu fremdeln, da für sie neue Personen, die sie bislang noch nicht so häufig zu Gesicht bekamen, nicht einschätzbar sind.

Zudem haben die meisten Kinder Angst vor dunklen Kellern, und ausnahmsweise liegt die Schuld dafür mal nicht in der Prägung durch unsere Eltern, wobei man eventuell eine gewisse Mitschuld in Märchen der „Gebrüder Grimm", aus „1000 und einer Nacht" oder diversen Geistergeschichten sehen könnte. Den Geschichten also, die wiederum zumeist von unseren Eltern oder Großeltern vorgelesen wurden. Doch der eigentliche Grund für diese Angst liegt ganz einfach darin, dass wir nicht einschätzen können, was uns in diesem dunklen, kalten Keller erwartet. Dunkelheit ist für uns ebenso unberechenbar wie das Fremde. Denn derartige Dinge bergen die Gefahr, dass alles passieren könnte. Ganz einfach, weil wir etwas nicht sehen oder nicht kennen. Kurz gesagt, wir fürchten uns vor Situationen, die vermeintlich außerhalb unserer Kontrolle liegen.

Diese Angst macht auch manchmal Sinn. Beispielsweise dann, wenn in dem gerade gemachten Beispiel tatsächlich ein Monster in einer dunklen Ecke des Kellers wartet. Oder wenn wir die Erfahrung noch nicht gesammelt haben, wie es sich anfühlt vom Dach zu fallen. Wenn man genauer darüber nachdenkt, wollen die meisten Menschen diese letztgenannte Erfahrung auch gar nicht machen. Das Unterbewusstsein weiß das. Insofern bewirkt es mit der Angst bei uns, dass wir es erst gar nicht versuchen. Diese Art unseres Schutzmechanismus funktioniert also in manchen für uns nicht kontrollierbaren Situationen als eine Art Warnfunktion ganz gut. Ganz sicher zumindest beim Springen von Dächern.

Was jedoch den Keller betrifft, so liegt das Unterbewusstsein mit seiner Angst in den meisten Fällen falsch. Denn wie sich mit zunehmender Erfahrung herausstellt, gibt es im Keller nicht viel, vor dem man sich fürchten müsste. Allenfalls vielleicht ein paar Spinnen oder Mäuse. Vielleicht auch ein paar längst vergessene Einmachgläser von Oma, deren Inhalt uns bereits beim Betrachten zuwinkt. Oder aber die alten Filme Ihrer Eltern von dem Urlaub damals am Strand...

Als Kind, ich muss so neun oder zehn Jahre alt gewesen sein, war ich bei einem Freund, dessen jüngere Cousine zu Besuch kam, und wir dachten uns, dass wir für sie im Keller eine Art Geisterbahn zusammenstellen.

Wir hatten viele, aus heutiger Sicht selbst für Kinder eher ungruselige Ideen, aber wir setzten sie trotzdem um. Die Cousine wiederum, der wir unser Vorhaben erzählten, war nun nicht dumm und trotz ihres doch noch recht jungen Alters wusste sie, dass das Schlimmste, was ihr in dem Keller begegnen könnte, nur wir zwei Jungs waren. Sie hatte offensichtlich bereits die Erfahrung „dunkler Keller" hinter sich gebracht, und sie zählte uns alles auf, was passieren würde. Sie wusste, dass dort gar keine Monster wären und behauptete steif und fest, dass wir es nicht schaffen würden, sie zu erschrecken, da sie das alles schon kennen würde. Vielleicht versuchte sie auch nur mutig zu wirken. Aber mein damaliger Eindruck war, dass ihre Eltern ihr offensichtlich ihre Angst vor dunklen Kellern schon ein stückweit genommen hatten.

Womit sie nicht rechnete, war das Geräusch eines größeren Bleches, welches mein Freund schüttelte, als sie direkt zu Anfang der „Geisterbahn" die Kellertreppe herunterkam. Alleine dieser blecherne, für sie völlig undefinierbare Klang führte dazu, dass sie schreiend und weinend in die Arme ihrer

Mutter lief. Einfach, weil sie dieses Geräusch noch nicht kannte. Es war für sie nicht zuzuordnen und folglich nicht kontrollierbar. Ich kann leider nicht sagen, ob sie danach jemals wieder einen Keller betreten hat. Aber letztlich waren im Keller tatsächlich nur wir zwei Jungs. Und eben das Blech, also objektiv ebenfalls etwas, vor dem man keinerlei Angst zu haben brauchte.

Die Trefferquote des Unterbewusstseins, uns vor schlimmen Dingen durch das Gefühl der Angst zu schützen, ist also bereits in unseren ersten Jahren nicht besonders hoch. Wenn wir genau dies wahrnehmen und in unsere Erfahrungen mit einbauen, lernen wir recht schnell, dass uns unsere Angst manchmal täuscht. So verlieren wir sie zwar nicht gänzlich (und das ist für die Fälle, in denen sie uns wirklich schützt auch gut so), aber wir entwickeln Mut. Eine Eigenschaft, die uns dazu befähigt, uns dem Unbekannten, vermeintlich unkontrollierbaren zu stellen. In der Hoffnung, wieder zu erfahren, dass diese Art der Angst unbegründet war.

Unser Unterbewusstsein vergleicht

Das Unterbewusstsein schlägt jedoch nicht nur Alarm, wenn wir in Situationen geraten, die wir noch nicht kennen. Das tut es nämlich wie erwähnt auch bei Dingen, die wir schon einmal erlebt haben und die am Ende nicht gut für uns ausgegangen sind.

Auch das hilft uns bisweilen ganz gut, denn wir lernen recht früh, dass Hinfallen, beispielsweise mit dem Fahrrad, weh tun kann. Gerade auch die Dinge, die weh tun, sind etwas, was wir in der Regel nur ungerne immer wieder erfahren wollen. Ein Sprung vom Dach ängstigt uns also weiterhin. Einfach, weil wir aus der Erfahrung des Schmerzes beim Hinfallen etwas gelernt haben. Die unbewusste Angst führt also in ähnlichen Situationen dazu, dass wir Situationen miteinander vergleichen, damit wir uns dann aus der Erfahrung des bereits Erlebten *gegen* einen Sprung entscheiden. Auch diese Variante unseres eingebauten unbewussten Schutzmechanismus funktioniert hervorragend in den Situationen, in denen wir ihn wirklich brauchen.

Aber die Sache hat auch hier wieder einen Haken. Denn da das Unterbewusstsein nur mit unseren bereits gemachten Erfahrungen arbeiten kann und wir selten in eine vollkommen identische Gefahrensituation geraten, verfährt es wie man an dem genannten Beispiel des Fallens vom Fahrrad oder vom Dach sehen kann, nach dem Ähnlichkeitsprinzip. Es warnt uns also vor Dingen, von denen es ausgeht, dass sie vergleichbar sind. Selbst, wenn diese es nicht sind. Denn genau so wenig, wie das Fallen vom Fahrrad mit einem Sprung vom Dach vergleichbar ist, so sind es auch viele andere Dinge in unserem Leben nicht. Die Ängste, die aus Vergleichen unseres Unterbewusstseins entstehen, machen somit bei weitem nicht immer Sinn. Bisweilen führen sie sogar dazu, dass wir die Dinge, die wir uns wünschen, gefährden. Mehr noch, im Falle einer traumatischen Erfahrung besteht die Möglichkeit, dass wir durch eine Art Schockstarre handlungsunfähig werden. Somit können unsere Ängste sogar ursächlich dafür sein, dass unsere größte Angst bestätigt wird, weil wir im Falle des Falles unfähig wären, etwas zu unserem Schutz zu tun.

Ich habe einmal eine Geschichte von einer Frau gehört, die eine Zeit lang mit einem Mann liiert war, der sie häufig geschlagen hatte, wenn sie aus seiner Sicht etwas falsch machte. Irgendwann schaffte sie es, von ihm los zu kommen. Wie das Leben so spielt, traf sie etwas später einen Menschen, der alles für sie getan hat und wahrscheinlich immer noch tut.

Einmal waren beide mit ihren Autos unterwegs, und die Frau baute einen leichten Unfall. Der Mann machte sich Sorgen um seine Partnerin und stieg sofort aus seinem Wagen, um zu sehen, ob es ihr gut ginge. Sie jedoch hatte auf einmal panische Angst und verriegelte alle Türen, da sie annahm, nun aufgrund des Schadens am Fahrzeug geschlagen zu werden.

Woher diese panische Angst bei ihr kam, ist nicht schwer zu erraten. Ihr Unterbewusstsein machte aus der Erfahrung „Schaden am Auto" und „Mann, der zu mir gelaufen kommt" eine Gefahrensituation. Weil die Frau oftmals ähnliche Situationen erlebt hatte, die für sie nicht gut endeten. Sie war traumatisiert.

Doch ihr Unterbewusstsein, welches zwar die Ähnlichkeit der Situationen erkannte, machte einen Fehler. Der Mann, also der entscheidende Faktor in der ursprünglichen Erfahrung, war ein vollkommen anderer. Es wurde also die Gefahr, die von einem Menschen ausging, auf einen anderen, völlig unbeteiligten projiziert. Anstatt also direkt eine neue, schönere Erfahrung zu machen, wurde erst einmal eine alte aus dem Trauma-Gedächtnis abgespielt, die zu einer für den neuen Partner nicht zu erwartenden Situation führte. Wenn etwas Derartiges passiert, bedeutet das selbstverständlich noch nicht, dass sich der Partner von einem trennt. Aber wenn mehrere solcher Situationen geschehen, kann es zu Problemen mit dem Partner führen.

Solche Fehler des Unterbewusstseins passieren leider häufiger als Sie denken, und es ist uns noch nicht einmal bewusst (was beim Unterbewusstsein in der Natur der Sache liegt). Zudem müssen diese Ängste auch nicht immer auf konkrete potentielle Gefahrensituationen hinweisen. Es reicht beispielsweise auch aus, dass man Angst vor etwas hat oder eine Situation scheut, von der man *nur glaubt*, dass man ihr nicht entkommen kann. Unser Unterbewusstsein sucht auch hierbei nach ähnlichen Situationen und versucht uns Lösungen zu bieten.

Wie gut gerade auch dieser Mechanismus funktionieren kann, wird selbst bei Menschen deutlich, denen es aufgrund neurologischer Defizite oder Erkrankungen sehr schwerfällt, bewusst potentielle Gefahrensituationen oder Gefühle zu deuten. So hört man beispielsweise von dementiell veränderten Menschen in Situationen, in denen sie sich unwohl fühlen häufig den Satz, dass sie „zu ihrer Mutter möchten". Das bedeutet also, dass unser Schutzmechanismus selbst dann versucht, uns eine Lösung des Problems aufgrund vergangener Erfahrungen zu bieten, wenn man große Probleme hat, seine Umgebung konkret zu begreifen. Man möchte plötzlich dahin, wo man sich immer wohl gefühlt hat.

Bei dementiell veränderten Menschen fällt es dem Umfeld in der Regel auch nicht schwer, dieses als unbewussten Schutzmechanismus zu deuten. Denn die Ursache für eine solche objektiv betrachtet seltsame Aussage liegt in der Erkrankung und der damit verbundenen Schwierigkeit, konkrete Bedürfnisse klar und deutlich mitzuteilen.

Auch bei Kindern ist ein solches Verhalten nicht unbekannt. Wenn sie beispielsweise das erste Mal bei einem Freund oder den Großeltern übernachten. Vor dem Einschlafen bekommen sie dann plötzlich Angst, weil ihre Eltern nicht in der Nähe sind. Deswegen möchten sie häufig zurück nach Hause. Denn dort kennen sie die Umgebung und sie haben bereits die Erfahrung gemacht, dass Mama oder Papa stets zu Hilfe eilen, wenn das Kind einen Albtraum oder einfach nur Angst vor der Dunkelheit oder einem fremden Ort hat.

Bei Oma und Opa fehlt diese gemachte Erfahrung vielleicht noch. Aus diesem Grund setzt die Angst vor einer unbekannten und somit potentiell bedrohlichen Situation auch hier ein. Das Unterbewusstsein zeigt uns also den Weg aus dieser Bedrohung, der wieder an den Ort führt, an dem sie sich sicher fühlen.

Als Kinder lernen wir dann allmählich, dass Oma und Opa gar nicht so bedrohlich sind. Höchstens dann, wenn unsere Großmutter mit Taschentuch und Spucke unser Gesicht reinigen will.

Die Angst und die Beziehungen

Bei Kindern oder nicht orientierten Menschen wird ein solches Verhalten vom jeweiligen Umfeld noch verstanden. Doch bei „normalen" Erwachsenen ist dies für andere beteiligte Personen schon deutlich schwieriger. Dabei ist es eigentlich auch hier objektiv betrachtet nicht verwunderlich. Denn die Neigung, in bedrohlichen Situationen zu den Orten zurückkehren zu wollen, bei denen wir ähnliches bereits überstanden haben, behalten wir aufgrund unserer Erfahrungen ein Leben lang.

Wenn wir beispielsweise vor einem neuen, unbekannten Problem stehen, welches uns sehr ängstigt, schlägt unser Unterbewusstsein erneut zu. Dann zieht es uns wie in unserer Kindheit an einen Ort, bei dem man sich aufgrund seiner Erfahrungen bislang immer am sichersten gefühlt hat.

Da die eigenen Eltern oftmals nicht mehr zur Verfügung stehen, kommt als Elternersatz nun oft der langjährige Partner in Betracht. Das verwundert erst einmal nicht.

Doch ich meine nicht nur den Fall, dass diese Beziehung noch die aktuelle ist. Das gilt auch für die Fälle, in denen man sich von diesem Partner getrennt hat und sich bereits in einer neuen, noch nicht ganz so lang andauernden Beziehung befindet. Denn in dieser fehlt einem wohlmöglich noch die nun dringend benötigte Schutzerfahrung.

In genau diesen Situationen hätte man nun die Möglichkeit, die erste dieser Erfahrungen zu machen, um somit die

Vertrauensbasis zu seinem neuen Partner zu intensivieren. Vielleicht wäre diese um ein Vielfaches besser und könnte mehr helfen, als es jemals vorher erlebt worden ist. Aber dies müsste man sich bewusstmachen. Man müsste verstehen, dass dieser Drang nicht viel mit dem zu tun hat, was man sich wirklich wünscht. Sondern eben nur dasselbe, unterbewusste Schutzprogramm ist, welches auf den Erfahrungen beruht, die bereits in ihrer frühen Kindheit gemacht wurden.

Wenn wir jedoch diesem Drang nachgeben, ist die Wahrscheinlichkeit sehr groß, dass wir diese neuere Beziehung gefährden. Obwohl dies wahrscheinlich etwas sein wird, was wir im Grunde unseres Herzens gar nicht wollen. Denn das Leben läuft immer nach vorne. In der Vergangenheit haben wir die alte Beziehung bereits hinter uns gelassen. Ist es also wirklich erforderlich, zu etwas zurückzugehen, wo wir bereits waren und was uns am Ende nicht mehr viel gegeben hat? Ihr neuer Partner wird die Situation im Zweifel aus seiner eigenen Wahrheit heraus wohl nicht verstehen. Er wird sich übergangen und auch ein Stück weit betrogen fühlen. Es kann also durchaus vorkommen, dass uns unser Unterbewusstsein aus einer Schutzerfahrung heraus etwas herbeiführt, was wir *nicht wollen*.

So etwas passiert auch in sogenannten „On-Off-Beziehungen". Beziehungen also, bei denen man sich immer wieder vom Partner trennt, weil man sich mit ihm unglücklich fühlt. Doch man kehrt immer wieder zu ihm zurück. An genau diesen Beziehungen lässt sich ebenfalls ganz gut das Zusammenspiel zwischen bewusster Entscheidung, unbewussten Ängsten, von Verstand und Gefühl verdeutlichen.

Es wird sich wieder einmal gestritten, obwohl man eigentlich gar keine Lust hat zu streiten. Man wünscht sich Harmonie in der Beziehung, aber es will nie so recht funktionieren. Denn nach kurzen, wunderschönen Phasen kocht immer wieder das alte Problem auf. Vielleicht auch mehrere. Irgendwann, wenn alle vorherigen Versuche gescheitert sind, einen Kompromiss zu finden, fasst man dann für sich den Entschluss, nun endlich den einzig logischen Schritt zu gehen, weil man sich unglücklich in der Beziehung fühlt und je nachdem, wie lange diese Situation schon anhält sehr darunter leidet.

Man spürt, dass es wahrscheinlich nie zu einer Lösung kommen wird und man befürchtet, dass einen dieses Thema ein Leben lang verfolgen könnte. Es sei denn, man verlässt den Partner. Erfolgt dann dieser Schritt, fühlt man sich tatsächlich auch sehr gut, geradewegs befreit. Man ist sich sicher, dass dies der richtige Schritt gewesen ist.

Doch bereits ein paar Stunden oder vielleicht ein paar Tage später fängt diese Sicherheit an zu bröckeln. Plötzlich hat man den Punkt aus den Augen verloren, der einen so sicher gemacht hat. Man bildet sich ein, den Anderen zu vermissen. Zudem passiert etwas Weiteres, ganz Entscheidendes: Man bekommt Angst, ihn für immer verloren zu haben.

Doch dies hat in den meisten Fällen nicht viel mit der Realität zu tun. Denn es stellt sich die Frage, ob man wirklich den Partner vermisst. Es könnte nämlich genau so gut sein, dass es die guten Zeiten zwischen den schlechten sind, die einem fehlen. Die Zweisamkeit, die harmonischen Phasen, die doch oftmals auch so viel Kraft gegeben haben. Denn wieso sollte man Angst haben, jemanden endgültig zu verlieren, wenn man genau unter dieser Beziehung so gelitten hat?

Man hat in diesen Zeiten zwar Angst, aber es ist nicht die Verlustangst. Es ist die Angst vor dem Alleinsein. Doch aufgrund des Ähnlichkeitsprinzips unserer Ängste begehen wir oft den Fehler, die Sehnsucht nach Jemanden mit der Sehnsucht nach diesem Einen zu verwechseln. Denn während wir den möglichen, besser für uns geeigneten Partner noch nicht einmal kennen, können wir uns nur allzu gut an die guten Zeiten mit dem alten erinnern. Unser Gefühl und unser Verstand wurden also von unserer unbewussten Angst wieder allein zu sein „gedreht", bis dieser Zyklus von vorne beginnt.

Gerade derartige Beziehungen sind es, die viele Menschen als äußerst belastend erleben. Sie rauben einem die Energie. Denn man ist hin- und hergerissen, je nachdem, ob gerade der durch die unterbewusste Angst beeinflusste Verstand oder das Gefühl, sich von der Last befreien zu wollen, den Ton angeben. Es kann einen innerlich zerreißen.

Das wirklich tragische daran ist zudem, dass man den Menschen, der wirklich zu einem passt und mit dem man glücklich werden könnte, wahrscheinlich erst dann trifft, wenn man denjenigen, der einen oftmals unglücklich macht, verlassen hat. Man wird also immer wieder in sein Leid geschickt und kann nur darauf hoffen, dass man irgendwann vielleicht einmal glücklich wird. Aber die Hoffnung stirbt ja bekanntlich zuletzt.

Ähnlich wie bei den sogenannten On-Off-Beziehungen verhält es sich bei der Eifersucht. Hier ist es jedoch so, dass man selbst die Beziehung will, die man führt. Man liebt den Partner. Leiden, so denkt man jedenfalls, würde man deswegen erst dann, wenn es diesen anderen Menschen nicht mehr in seinem Leben geben würde. Folglich hat man panische

Angst davor, den Partner zu verlieren.

Eine solche Angst ist in Beziehungen vielleicht nicht förderlich, jedoch auch nicht gerade etwas Ungewöhnliches. Denn die meisten Menschen möchten nicht das verlieren, was sie glauben zu haben. Denken Sie abermals an das Schüppchen im Kindergarten. Bei sehr eifersüchtigen Menschen gesellt sich allerdings noch ein weiteres Problem hinzu: Man kann dem Partner nicht vertrauen.

Die Ursachen dafür liegen selbstverständlich erneut in unseren vergangenen Erfahrungen. Dabei kommen jedoch mehrere Möglichkeiten in Betracht. Entweder hat man nie richtig vertrauen gelernt, oder man ist nicht mehr in der Lage, jemand anderem zu vertrauen.

Einige extrem eifersüchtige Menschen sind beispielsweise in schwierigen Elternkonstellationen aufgewachsen. Solche, bei denen sich Vater und Mutter vielleicht schon früh getrennt haben. Viele Kinder geraten dabei leider auch ins Kreuzfeuer beider Eltern, die, ohne genauer über die Konsequenzen nachzudenken ihre Abneigung gegenüber dem früheren Partner vor dem Nachwuchs nicht zurückhalten. Das kann dann dazu führen, dass man zwar selbst andere Erfahrungen mit dem jeweiligen Elternteil macht, aber aufgrund des Urvertrauens zu beiden nie zu einhundert Prozent sicher sein kann, ob man Vater und Mutter bei allem glauben soll. Die eigene Erfahrung und die Erklärung des jeweils anderen Elternteils stimmen nicht überein. In solchen Situationen ist es für jeden Menschen schwierig zu ergründen, was denn nun stimmt. Man liebt beide und will beiden vertrauen. Doch man ist emotional hin- und hergerissen. Somit verwundert es nicht, dass über kurz oder lang Skepsis und Zweifel entstehen. Zweifel an den Erklärungen und damit auch am

Urvertrauen gegenüber den Eltern. Doch wenn man sich hinsichtlich dieses größtmöglichen Vertrauens nicht mehr sicher ist, wie soll man dann in der Lage sein, anderen Menschen zu vertrauen? Eine derartige Erfahrung kann somit Auswirkungen auf alle nachfolgenden Beziehungen haben. Man vertraut niemandem mehr, weil man immer skeptisch ist, ob einem der Andere die Wahrheit erzählt.

Ein ähnlich großer Verlust des Vertrauens gegenüber anderen Menschen kann jedoch auch in einem anderen Fall stattfinden. Dann nämlich, wenn man in einer vergangenen Beziehung dem Partner zwar sein gesamtes Vertrauen entgegengebracht hatte, doch dieser es missbrauchte. In der Folge wird man wohl verständlicherweise Angst haben, derartiges erneut durchleben zu müssen. Eine Angst, die unser Unterbewusstsein wieder einmal über das Ähnlichkeitsprinzip in unserem Bewusstsein manifestiert. Deswegen wird in jeder Ecke die potentielle Gefahr vermutet, die einem wieder in sein Unglück stürzen könnte.

Letztlich haben alle möglichen Erfahrungen, die zur Eifersucht führen können, eines gemeinsam. Es mangelt dem Partner gegenüber an Vertrauen. Nicht, weil man diesem nicht vertrauen *will*. Man ist dazu einfach nicht (mehr) in der Lage. Denn man hat es entweder nie ge-, oder durch eine neuere Erfahrung wieder verlernt. Doch ohne Vertrauen als Basis kann keine Beziehung funktionieren. Zusammen mit dem immer vorhandenen Misstrauen führt dies dann dazu, dass man selbst dafür verantwortlich ist, dass die eigene, unterbewusste Angst bestätigt wird. Der unterbewusste Schutzmechanismus wird somit zum Auslöser für die Situation, vor der er uns bewahren wollte. Eine klassische selbsterfüllende Prophezeiung.

Das Gleiche ist eben nicht dasselbe

Nicht nur in partnerschaftlichen Beziehungen haben wir mit unseren unterbewussten Ängsten zu kämpfen. Denn wie viele Menschen, glauben Sie, sind wohl unglücklich in ihrem Job? Wie viele leiden sogar darunter und können sich nicht mehr motivieren, überhaupt zur Arbeit zu fahren? Sie wollen eigentlich etwas ändern, weil sie leiden...*eigentlich*. Aber sie ändern nichts. Obwohl sie es sich andauernd vornehmen.

Doch entweder haben sie am eigenen Leib erfahren, wie es ist, wenig Geld für Essen oder Trinken zu haben, oder sie kennen vielleicht jemanden, dem es ohne Job sehr schlecht geht. Dieses vermeintliche Wissen führt bei diesen Menschen über das Ähnlichkeitsprinzip wieder zu einer unbewussten Angst. Der Existenzangst. Diese will uns vor Armut und dem finanziellen Abstieg, dem Ruin, dem Nichts schützen. Ein gut-gemeintes Ziel.

Darum fangen wir an, unsere Situation auf Basis dieser Angst zu analysieren, und kommen ganz schnell zu solch vor-trefflichen Argumenten wie „woanders ist es auch nicht bes-ser", „keiner hat gesagt, dass Arbeit Spaß machen muss" und „man soll froh sein, dass man überhaupt eine Arbeit hat".

Wunderbare Begründungen also, die im Grunde genom-men nichts Aussagen. Oder aber nicht beweisbar sind. Sie halten uns jedoch in unserem Leiden und verhindern höchst-wahrscheinlich auch, eine bessere Anstellung zu finden. Eine, die man erst bekommen würde, wenn man nach ihr suchen und seine Alte Arbeit hinter sich lassen würde.

Alle diese Beispiele zeigen eines ganz deutlich. Unsere unterbewussten Ängste versuchen uns oft auch vor Dingen zu schützen, die für uns gar nicht gefährlich sind. Mehr noch, sie führen teilweise sogar genau zu dem, wovor sie uns schützen wollen. Oder sie verhindern die Möglichkeit, dass es für uns besser wird.

Vergleiche, egal ob bewusst oder unterbewusst, helfen uns in den meisten Fällen einfach nicht. Sie implizieren immer dann, wenn man nicht so genau hinguckt, dass etwas genauso gefährlich, gut oder schlecht ist wie etwas Anderes. Doch genau hierin liegt der Fehler. Wir gucken nicht so genau hin.

Früher, als sich der Mensch langsam zu dem entwickelte, was er heute ist, war es überlebenswichtig, ohne darüber nachzudenken, eine Gefahr wahrzunehmen und entsprechend zu reagieren. Hinsehen und überlegen hätte somit in vielen Fällen den sicheren Tod bedeutet. Denn unser Unterbewusstsein hatte gelernt, dass von wilden Tieren, die gleich aussahen, dieselbe Gefahr ausging. Doch heute ist dieses immer noch ablaufende Schutzprogramm eher überflüssig. Eine genetische Veranlagung aus grauer Vorzeit, die in den meisten von Menschen besiedelten Gegenden eher überflüssig erscheint. Denn Raubtiere laufen in unserer Zeit nun mal nicht so oft frei herum.

Sicher, es gibt sie, die gefährlichen Menschen, die uns Leidzufügen können. Aber deren Anzahl erscheint im Verhältnis zu acht Milliarden von uns doch eher verschwindend gering. Wir treffen wesentlich häufiger diejenigen, die gut für uns sein könnten. Doch genau die Erfahrungen mit diesen

Leuten verwehren uns unsere Schutzängste dann vielfach. Einfach, weil sie sich nach dem Ähnlichkeitsprinzip richten, uns unnötig warnen, und so dafür sorgen, dass wir nicht vorurteilsfrei in eine neue Beziehung gehen. Doch diese Warnfunktion ist in dem Umfeld, indem wir uns in der heutigen Zeit normalerweise bewegen, viel zu ungenau. Denn wir begegnen im Laufe unseres Lebens viel zu vielen Personen. Diese sind sich sicher auch manchmal in einigen Dingen ähnlich, was jedoch keinesfalls bedeutet, dass man mit ihnen erneut eine schlechte Erfahrung machen muss. Denn sie sind immer andere Menschen mit anderen Wahrheiten.

Versuchen Sie sich, genau das bewusst zu machen. Nur von Dingen, die identisch sind, geht dieselbe Gefahr aus. Solche, die vielleicht nur marginal anders sind, sind eben etwas anders. Vielleicht gleichen sie anderen, doch sie sind nicht dasselbe und damit etwas völlig Neues. Etwas, was wir so noch nicht kennen. Das gilt insbesondere für Menschen mit ihren individuellen Erfahrungen und Prägungen.

Die Ängste, die durch unser Unterbewusstsein als Schutzmechanismus eingesetzt werden, sind einfach nicht mehr zeitgemäß. Wenn sie so wollen, ist es ein wenig wie in einer Lotterie. Manchmal haben Ängste recht, aber in den allermeisten Fällen hat man nur viel Energie verloren und nichts gewonnen. Wenn wir dies begreifen, dann haben wir vielleicht die Möglichkeit, unsere Ängste zu betrachten und den Vergleich aus unserer Vergangenheit dahinter zu entlarven. Das wird zwar nicht immer so einfach sein, wie es sich anhört. Vor allem nicht bei Ängsten, die durch ein Trauma ausgelöst werden. Doch in den meisten anderen Fällen besteht so vielleicht eine Chance, sie zu besiegen und somit mittelfristig verschwinden zu lassen.

Lügen

Lügen stellen eine weitere, sehr große Belastung für unsere Beziehungen dar. Dabei lügen wir ständig, jeden Tag. Manchmal fällt es uns sogar selbst gar nicht oder erst im Nachhinein auf. So füllen wir oft „Gedächtnislücken" oder Dinge, für die unsere bisher gemachten Erfahrungen nicht ausreichen, mit für uns logischen aber objektiv falschen Aussagen auf. An diese Art von Lügen glauben wir sogar oftmals selbst. Sie sind wahrscheinlich das Resultat einer Art unterbewussten, analytischen Denkens. Ein Versuch des Gehirns, auf Basis unseres bisherigen Wissens die Wahrheit zu konstruieren.

Dann gibt es noch Lügen, für die wir im Grunde genommen nur indirekt etwas können. Denn manchmal belügen uns unsere eigenen Hormone. Zumindest die der Frauen. Sie sind deswegen erwähnenswert, weil sie das Potential haben, eine für sich gute Beziehung in ihrem Verlauf ungünstig beeinflussen zu können.

So fanden Forscher in Liverpool[4] vor ein paar Jahren heraus, dass einige „Pillen" den Geruchssinn der Frauen durcheinanderbringt. Das führt dann dazu, dass diese sich nicht, wie es evolutionstechnisch besser wäre, zu Männern mit einem fremden, sondern zu solchen mit einem ähnlichen Genpool hingezogen fühlen. Vermutlich sucht der Geruchssinn

---

[4] vgl. S.Craig Roberts, University of Liverpool, „MHC-correlated odor preferences in humans and the use of oral contraceptives"

der Frauen in der Schwangerschaft den Schutz der Familie. Vielleicht kennen Sie ja bereits dieses Gefühl an jenem verhängnisvollen Morgen, nachdem Sie und Ihr Partner beschlossen hatten, Kinder zu bekommen und Sie die Pille abgesetzt haben. Als Sie die Augen öffneten, ihm, der noch leise neben Ihnen vor sich hin schnarchte, zärtlich einen Kuss geben wollten, und sich plötzlich fragten, wer denn dieser komische Typ sei und warum er neben Ihnen liegt. Jetzt wissen Sie, warum. Denn Ihre durch Sie manipulierten Hormone haben das Potential, Sie bei der Wahl des richtigen Partners zu „belügen".

Abgesehen von diesen Ausnahmen lügen wir jedoch meistens bewusst. Bereits als Kind tun wir dies häufig dann, wenn wir etwas wollen. Oder genauer gesagt, wenn wir etwas *nicht* wollen. Deswegen belügen wir den, von dem wir glauben, dass er über das Eintreten der unerwünschten Konsequenz entscheidet. Mögliche weitere Folgen sind uns dabei erst einmal egal, weil in unseren Augen der Vorteil überwiegt. Die Beziehung zu der Person, die wir anlügen, ist uns in diesem Moment ebenfalls nicht so wichtig. Sie spielt sogar fast gar keine Rolle, da wir nur an uns denken. Es gibt eher was zu gewinnen, also riskieren wir es einfach mal. Kinder wollen einfach nicht ihre Hausaufgaben erledigen oder das Zimmer aufräumen, wenn sich die Möglichkeit bietet, mit Freunden zu spielen. Daher sind derartige Dinge dann offiziell häufig wider besseren Wissens erledigt.

Wir „schützen" uns also schon sehr früh mit Lügen. Der Auslöser für diesen Schutzgedanken entspringt aus unserer subjektiven Wahrheit. Denn dort bewerten wir aufgrund un-

serer bisherigen Erfahrungen die Situationen und deren Folgen. Wir nutzen also unser analytisches Denken (dieses Mal
bewusst), um eine Entscheidung über die mitzuteilende
Wahrheit zu treffen. Wenn wir dann zu dem Schluss kommen, dass die Wahrheit für uns negative Folgen haben
könnte, lügen wir eben. Je nachdem, wie sehr wir diese negativen Folgen fürchten.

Da wir als Kinder noch nicht so viele Erfahrungen gesammelt haben, können Erwachsene manche Lügen aufgrund ihres wesentlich höheren Erfahrungsschatzes nur schwer nachvollziehen. Denken Sie beispielsweise an Kinder, die in ihrem
Kinderstuhl am Küchentisch sitzen, eine Hand noch in den
Resten des frisch gebackenen Schokoladenkuchens, der
Mund braun verschmiert und freudestrahlend am Kauen.
Diesem Kind wird man vielleicht nicht gesagt haben, dass es
den Kuchen nicht essen darf. Wahrscheinlicher ist es jedoch,
dass es diese Information einfach nicht verstanden hat. Derartige Dinge passieren in der Regel aus Hunger und der bloßen Möglichkeit, den Kuchen essen zu können. Woher sollte
das Kind auch die Erfahrung gesammelt haben, dass das, was
es gerade gemacht hat, falsch sein könnte? Anhand des Ge-
sichtsausdrucks der Mutter oder des Vaters wird es aber in
der Folge sehr schnell erkennen, dass irgendetwas passiert
ist, was nun für irgendjemanden problematisch ist. Doch erst
mit der vorwurfsvollen Frage, warum es sich den gesamten
Schokoladenkuchen vorgenommen hat, erschrickt das Kind.
Weil ihm erst in diesem Moment bewusst wird, dass es selbst
auf der Anklagebank sitzt. Auch, wenn es eigentlich noch gar
nicht genau weiß, warum.

Zur Überraschung aller behauptet dieses Kind nun aber,

gar nicht für das „Schokoladenkuchenmassaker" verantwortlich zu sein. Es bestreitet vehement, die „Tat" begangen zu haben, und man wird es wohl nicht von dieser Sicht der Dinge abbringen.

Dass liegt wahrscheinlich einfach daran, dass dieses Kind ursprünglich kein schlechtes Gewissen hinsichtlich des Kuchenessens gehabt hat. Nun will es nicht einsehen, vielleicht sogar bestraft zu werden. Es hat Angst vor einer nicht vorhergesehenen Konsequenz. Da es nun von der Reaktion der Eltern überrascht wird, versucht das Kind jetzt mit aller Macht der als ungerechtfertigt angesehenen möglichen Strafe zu entgehen. Wohlwissend, dass es lügt. Dass die Beweise dabei erdrückend sind, spielt überhaupt keine Rolle.

Man könnte nun auf den Gedanken kommen, dass so ein Verhalten mit dem Alter zu tun hat, und Kinder eben manchmal so sind. Sie wissen einfach noch nicht, dass man nicht ohne zu fragen etwas nimmt und Leugnen in einem solchen Fall zwecklos ist. Ihnen fehlen im Gegensatz zu den Erwachsenen die entsprechenden Erfahrungen.

Nun, falsch gedacht. Ich stand einmal mit sechs weiteren Personen auf der Straße und wir haben uns unterhalten. Nebenan wurden Geschäftsräume renoviert, und nach einiger Zeit fuhr der Wagen eines Handwerkers vor. Als er sein Fahrzeug möglichst nah an der Baustelle parken wollte, tuschierte er mit seinem Vorderrad ein Fahrrad, was an einen Laternenpfahl angekettet war. Das Fahrrad stürzte zu Boden und die vordere Lampe brach heraus. Die Eigentümerin des Fahrrades die bei uns stand ging sofort zum Fahrer des Fahrzeuges und machte ihn auf den Schaden aufmerksam. Anfangs sah er die gesamte Gruppe noch nicht und wollte ihr erzählen, dass er das Fahrrad gar nicht berührt und somit auch die

Lampe nicht kaputt gemacht haben könnte. Als ich das mitbekommen hatte sprach ich ihn darauf an. Zwecklos, er blieb bei seiner Version. Sechs Zeugen haben den Vorfall direkt mitbekommen, trotzdem log er. Bis zuletzt.

Lügen scheint also nicht direkt etwas mit dem Alter zu tun zu haben. Vielleicht kennen Sie ja auch Erwachsene, die versuchen, sich aus ähnlichen Situationen mit dem Satz „Schatz, das ist jetzt nicht so wie es aussieht" herauszureden.

Warum handeln wir also so? Wir mögen einfach keine negativen Konsequenzen für uns selbst. Für etwas Ärger zu bekommen, über das man im Vorfeld gar nicht so richtig nachgedacht hat oder einem aus Versehen passiert ist, ist einfach nicht schön. Diese Erfahrung haben wahrscheinlich die meisten Menschen in ihrer Kindheit gemacht. In der Zeit also, wo wir die Welt um uns herum und ihre Zusammenhänge noch gar nicht richtig begreifen konnten. Bevor uns jemand erklärte, was man von uns verlangte und wie wir uns in bestimmten Situationen verhalten sollen. Das kam in den meisten Fällen immer erst dann, wenn wir bereits lautstark für unser durch andere als „Fehler" bezeichnetes Verhalten gemaßregelt wurden. Mit unseren eigenen Kindern machen wir es jetzt genauso. Wir beurteilen sie in ihrem Handeln zunächst als Erwachsene. Bis uns auffällt, dass sie es gar nicht sind. Doch in der Zwischenzeit lernen auch sie einen Mechanismus kennen, der die möglichen Folgen offenbar für den Augenblick mindert. Der Staffelstab des Lügens wird also von Generation zu Generation weitergegeben.

Im weiteren Verlauf unseres Lebens lernen wir dann, mit unseren bewussten Lügen umzugehen. Wir setzen sie sogar gezielt ein. Doch führen sie im Nachhinein in der Regel immer dazu, dass wir ein schlechtes Gewissen haben. Trotzdem, oder vielleicht auch gerade deswegen können wir dann immer noch nicht für unsere Handlung geradestehen. Denn wir lernen ebenfalls bereits von klein auf, dass wir in manchen Situationen mit unserer Lüge durchkommen und somit dem drohenden negativen Ergebnis entgehen. Solche Erfahrung haben wir alle im Laufe unseres eigenen Lebens unzählige Male gemacht, weswegen sich diese Verhaltensweise bei uns aufgrund dieser Erfahrungen eingebrannt hat. Es ist also keinesfalls verwunderlich, dass wir als Erwachsene in ähnlichen Situationen genauso handeln, wie das Kind in dem Kuchenbeispiel.

Durch neue Beziehungen zu anderen Menschen sammeln wir zudem Unmengen an Erfahrungen. Auch solche, die uns ganz nebenbei mögliche neue, für uns negative Konsequenzen aufzeigen, die wir auf gar keinen Fall erleben wollen. Somit wird auch die Anzahl der Situationen, in denen wir uns einbilden, uns durch eine Lüge schützen zu müssen, immer größer. Jede einzelne neue Beziehung bringt auch neue Ungewissheiten mit sich. Wir können nun mal die Reaktionen oder Verhaltensweisen der anderen Menschen noch nicht einschätzen. Folglich meldet sich wieder die Angst vor dem (noch) nicht kontrollierbaren bei uns. Bevor wir also etwas tun oder nicht tun, was negative Konsequenzen für uns haben könnte, lügen wir lieber. Doch damit steigt auch erneut die Gefahr, alles nur noch schlimmer zu machen. Vor allem für uns. Denken sie zum Beispiel an die Menschen, die bei einem potentiellen neuen Arbeitgeber einen geschönten oder gar gefälschten Lebenslauf abgeben. Einfach aus der Angst heraus, einen guten Job nicht zu bekommen. Werden sie eingestellt, leben sie fortan mit einer neuen Angst weiter. Bis sich diese letztlich bestätigt und der Schwindel mit allen nun zu erwartenden finanziellen Folgen auffliegt.

Manchmal kommen wir auch durch mit unseren Lügen. Doch man sollte nicht zu lange feiern. Denn mit jeder nicht aufgedeckten Lüge schaffen wir uns eine weitere, neue Angst. Weil nämlich immer die Gefahr besteht, dass sie an anderer Stelle wieder zum Vorschein kommt. Wir wissen nur nicht wann und wie, weswegen der Zeitpunkt und die dann bestehende Situation für uns ebenfalls nicht kontrollierbar ist. Wenn es dann letztlich soweit ist, heißt es, sich daran zu erinnern und die Fassade aufrechtzuerhalten. Ansonsten bricht das Gebilde zusammen. Je mehr man also lügt, desto größer wird der Druck, diese Lügen aufrecht zu erhalten. Glauben Sie mir, damit wächst bestimmt nicht unser Selbstwert, nur unsere Unsicherheit.

Lügen wir in den für uns wirklich wichtigen Beziehungen unseres Lebens, dann stimmt mit diesen etwas ganz und gar nicht. Denn die Angst vor der möglichen Reaktion des Partners oder des Chefs führt mit hoher Wahrscheinlichkeit auch hier dazu, dass die befürchtete negative Konsequenz irgendwann eintritt. Wenn man beispielsweise Angst vor dem Verlust seines Arbeitsplatzes hat und seinem Vorgesetzten deshalb nicht sagt, dass man die aufgetragenen Aufgaben nicht schaffen kann, dann wird genau dadurch die Wahrscheinlichkeit größer, dass man den Job tatsächlich verliert. Es ist einem ja von Anfang an bewusst, dass man die Erwartungen des Anderen nicht erfüllen kann. In der Folge würde man wahrscheinlich versuchen, das Pensum durch Überstunden und jeder möglichen Anstrengung doch irgendwie zu bewältigen. Aber man wird wohl trotzdem scheitern. Letztlich wäre der Chef von einem enttäuscht und die eigene Prophezeiung würde sich durch die Lüge wieder einmal selbst erfüllen. Zudem hätten wir am Ende bei dem Versuch, das Lügengebilde aufrecht zu erhalten, auch noch viel Kraft verloren.

So gesehen schaffen wir es mit Lügen also nur, das in unseren Augen Unausweichliche zu verzögern und die Konsequenzen zu verschlimmern. Bis dies eintritt, haben wir weiterhin Angst vor den negativen Konsequenzen. Wenn diese dann schließlich doch eingetreten sind, bedauern wir die verpassten Chancen, ehrlich und mit erhobenem Haupte die nun eingetroffenen Auswirkungen auf uns nicht abgemildert oder gar verhindert zu haben. Dies trifft, wenn Sie mal darüber nachdenken, bei jeder Lüge zu. Mal mehr, mal weniger.

In diesem Zusammenhang gibt es da ein Erlebnis in meinem Leben, über das ich heute noch viel nachdenke. Der Mann einer Verwandten hatte Darmkrebs. Die Chancen standen äußerst schlecht, und obwohl die Ärzte vermuteten, dass nichts mehr zu machen sei, entschloss man sich trotzdem zu einer Operation. Allerdings wurde er nur aufgeschnitten, und als man das zerstörerische Ausmaß der Krankheit im Innern sah, wurde er direkt wieder zugenäht. Es war klar, dass der Mann innerhalb der nächsten paar Wochen seinem Leiden erliegen würde.

Seine Frau entschloss sich nun aber dazu, ihm zu sagen, dass die Operation gut verlaufen sei und er wieder gesund werden würde. Alle, auch die Ärzte, wurden angewiesen, ihm diese Lüge zu erzählen. Auch ich habe dieses Spiel mitgespielt, was ich im Nachhinein viele Male bereut habe. Denn der Tod dieses Mannes war unausweichlich. Warum wurde also gelogen? Begründet wurde dies damals damit, dass man ihm die Hoffnung nicht nehmen wolle, und er somit in seinen letzten Tagen etwas mehr Freude und Zuversicht an den Tag legen könnte. Doch ich glaube heute, dass der wahre Grund der war, dass seine Frau selbst den bevorstehenden Tod des Partners nicht akzeptieren konnte. Sie belog sich selbst und alle machten mit.

Heute bin ich der Überzeugung, dass diese Lüge dem Leittragenden die Möglichkeit genommen hat, Dinge, die ihm vielleicht noch auf der Seele lagen, zu klären. Ich bin mir sicher, dass er am Ende das Spiel durchschaute. Doch er sagte nichts. Wahrscheinlich, weil er vor allen anderen begriffen hatte, warum dieses Spiel gespielt wurde.

Letztlich traf das Unausweichliche ein. Doch die Lüge verhinderte nicht nur nicht den Tod des Mannes, sondern führte zudem dazu, dass seine Frau sich bis zu ihrem eigenen Tod schwere Vorwürfe gemacht hat, ihm nicht die Wahrheit gesagt zu haben. Denn sie wusste am Ende nicht, ob er ihr tatsächlich diese Lüge verziehen hatte.

Egal, wie wir es also drehen und wenden, die Konsequenzen einer Lüge treten nicht nur früher oder später ein, sie führen sogar zu viel Schlimmeren. Insbesondere bei unseren partnerschaftlichen Beziehungen. Hier haben wir neben allen anderen eben auch noch eine besondere emotionale Bindung. Wenn ein Partner also den anderen anlügt, weil er Angst vor möglichen Konsequenzen hat, dann muss er somit schon eine Menge Glück haben, um selbst in dieser Beziehung noch glücklich zu werden. Denn nicht nur, dass er ständig befürchten muss, dass die Lüge auffliegt, er setzt zudem das Vertrauen des Anderen aufs Spiel und damit die Basis einer guten, glücklichen Beziehung. Im Idealfall sollte man in solchen Fällen miteinander reden. Doch wenn man dies aus der Angst heraus, den Partner vielleicht zu verlieren nicht tut, dann wird man wiederum über kurz oder lang mit seiner Lüge genau dieses nicht gewollte Ergebnis erzielen.

Es wird eben keiner gerne belogen. Man macht also auch hier mit einer Lüge alles falsch, was man falsch machen kann.

Gerade auch bei den Lügen, bei denen wir uns einbilden, dass das Zugeben des tatsächlichen Sachverhalts uns schwach und somit angreifbar machen könnte. Wir fürchten nämlich in vielen Beziehungen nichts mehr, als dass man uns für einen Menschen halten könnte, der wir meinen nicht zu sein. Wir wollen meistens stark wirken oder zumindest nicht schwach. Immer dann, wenn wir glauben, dass genau das passieren könnte, stellen wir uns in Situationen besser dar oder verleugnen unsere wahre Gemütslage.

Dabei merken wir gar nicht, dass unsere Position auch bei solchen Lügen objektiv noch mehr geschwächt wird. Sicher ist nur, dass sie irgendwann trotz allen Bemühens wahrscheinlich entlarvt wird. Dann haben wir wieder größere Probleme als vorher.

Unser Problem ist, dass wir manche Dinge aufgrund unserer gemachten Erfahrungen selbst als Schwäche deuten. Obwohl wir meistens überhaupt nicht wissen, ob der Belogene dies überhaupt als Schwäche ansieht. Wir vermuten es einfach nur und das reicht aus, um zu lügen.

Ein weiteres Beispiel. Viele Menschen schämen sich zu weinen. Sie versuchen es heimlich zu tun, und wenn es jemanden auffällt, ist es ihnen peinlich und sie lügen so schöne Dinge wie „nein, es ist nichts, alles in Ordnung". Warum machen wir das? Zum einen, weil es uns natürlich wieder einmal von unseren Eltern beigebracht worden ist. „Ein Indianer kennt keinen Schmerz" ist da so ein Satz, der mir noch aus meiner Kindheit in den Ohren liegt. Zum anderen, weil wir in einer Gesellschaft leben, die zum Großteil aus verunsicherten Menschen besteht, die genau so denken. Es wird uns an jeder Ecke unseres Lebens beigebracht, dass Gefühle zeigen etwas Schlechtes ist, eine Schwäche darstellt. Wir müssen „hart" sein, um zu überleben. Somit verstärken wir mit jeder Generation die Erfahrung, dass das offene Zeigen von Gefühlen eine Schwäche ist.

Das ist irgendwie schon komisch. Wir sind gefühlsbestimmte Wesen. Daher sollten wir Menschen eigentlich zu dem Schluss gelangen, dass dort, in unserer Gefühlswelt, das zu finden ist, was wir Ehrlichkeit nennen. Einfach, weil das, was wir empfinden, unsere Stimmungslage in der Regel perfekt widergibt. Aber diese wollen wir häufig um jeden Preis vor anderen Menschen verbergen. Oftmals sogar vor unseren Partnern. Zusammengefasst verhält es sich also scheinbar so, dass wir als emotional ausgerichtete Geschöpfe die Basis unseres Daseins als Schwäche ansehen.

Ich gehöre übrigens zu den Menschen, die das Weinen als absolute Stärke ansehen. Denn mit dem öffentlichen zur Schau stellen unserer Gefühle zeigen wir, wie es in uns aussieht. Wir „kämpfen" also mit offenem Visier und präsentieren unsere Wunden. Aber trotzdem stehen wir da und stehen für uns ein. Mehr Stärke demonstrieren ist in meinen Augen nicht möglich.

Dennoch lügen wir lieber, um unsere ehrlichen Gefühle zu verbergen. Nun, da Lügen irgendwie das Gegenteil von Ehrlichkeit ist, gelingt uns das ja auch ganz gut. Aber ob es uns in unserem Leben weiterbringt?

Für unsere Beziehungen ist es wichtig, diesen Mechanismus der Lüge zu verstehen. Denn wenn es auch viele Gründe für uns zu lügen gibt, es geht uns dabei, wie Sie nun hoffentlich verstanden haben, nie darum, den anderen zu verletzen oder ihm etwas vorzumachen, damit es ihm nicht gut geht. Wir wollen uns immer nur selbst vor potentiellen negativen Konsequenzen bewahren. Wir lügen nicht, weil wir das Vertrauen des Anderen missbrauchen wollen.

Wir tun es aus Angst, vor allem dann, wenn jemand anderes unsere von uns selbst definierten Schwächen erkennen könnte. Wir tun es, weil wir unsicher sind, wie wir selbst sind oder ob wir so akzeptiert werden. Verwundern tut das nicht wirklich, denn was die Einschätzung unserer eigenen Person betrifft, ist vielen Menschen die mögliche Meinung ihres Umfeldes wichtiger als alles andere.

Seien Sie also nicht zu streng mit Ihrem Partner, wenn er Sie belügen sollte. Machen Sie sich klar, dass es nicht um Sie geht. Denn nur, wenn die Vertrauensbasis erhalten bleibt, besteht die Möglichkeit, das Problem des Anderen gemeinsam zu lösen. Genau das sollten Sie zumindest versuchen. So wie Sie sich auch von Ihrem Partner wünschen würden, in vergleichbaren Situationen zu Ihnen zu stehen. Denn geben sie es zu, Sie haben ihn auch schon viele Male auf die ein oder andere Art belogen.

Wenn sich das Problem jedoch nicht lösen lässt, weil Sie keinen Zugang zu Ihrem Partner finden können, oder der Grund für die Lüge Sie zutiefst verletzt, dann sollten Sie darüber nachdenken, ob Sie selbst in einer solchen Beziehung eine Zukunft sehen. Denn wenn wir auch nicht immer alle Probleme in unseren Beziehungen lösen können, so können wir zumindest darüber entscheiden, in wie weit wir bereit sind, Dinge, die uns nicht gefallen, trotzdem zu akzeptieren. Wir können nämlich selbst für uns entscheiden, wie viele Kompromisse wir bereit sind, für eine Beziehung einzugehen.

Normale und stille Kompromisse

In der Schule bringt man uns recht früh bei, dass Eins und Eins zwei sind. Rein mathematisch gesehen wird da wohl auch niemand widersprechen. Doch was das Lesen, das Verstehen und das Umsetzen des bisher gelesenen betrifft, ist es leider nicht ganz so einfach.

Glauben Sie mir, ich selbst habe verstanden, was ich hier bislang zu Papier gebracht habe, doch auch mir fällt es mitunter äußerst schwer, es umzusetzen. Das liegt daran, dass es in erster Linie auch mein Unterbewusstsein begreifen muss. Denn ich kann mir nur alle Dinge, alle Begegnungen oder Konflikte mit dem erlernten Verhalten der Menschen bewusst erklären. Es zu verinnerlichen dauert. So passiert es immer noch oft, dass ich enttäuscht von Leuten in meinem Umfeld bin, die viele Situationen anders bewerten oder nicht so auf etwas reagieren, wie ich es selbst tue. Ich fühle mich dann manchmal verletzt, tief getroffen und unverstanden. Ich denke, dass der Andere mich vielleicht doch nicht mag oder liebt, je nachdem, um wen es sich handelt. Ich bin innerlich zerwühlt und unruhig, weil ich „das Rätsel" lösen will, weil ich wissen will, was falsch läuft, warum der Andere mich nicht versteht oder warum ich ihn nicht verstehen kann. Ich versuche mir dann ständig bewusst zu machen, dass meine Sichtweise eben nur die Meine ist, dass der Andere durch andere Erfahrungen ganz einfach anders reagieren darf und zwangsläufig auch muss. Aber weh tut es trotzdem, und mein Verstand schafft es nicht immer direkt, aus diesen unguten Gefühlen herauszukommen.

Ich denke, Sie kennen so etwas, und Sie wissen vielleicht auch, dass solche Situationen oft eine sehr große Gefahr in sich bergen. Gerade auch in partnerschaftlichen Beziehungen. Denn wer jetzt falsch reagiert, sei es, dass man zu impulsiv oder zu aggressiv ist, oder dass man den Partner zu sehr unter Druck setzt, eingeschnappt oder einfach nur traurig ist, riskiert ohne es in diesem Moment zu ahnen selbst bei einer stabilen Beziehung einen kleinen Vertrauensbruch.

Der Partner versteht Sie ja auch nicht. Für ihn ist seine Meinung oder sein tun ebenso richtig wie für Sie das Ihre. Eine mögliche „Gegenattacke" kann demnach bei ihm zu demselben unangenehmen, schmerzlichen Gefühl führen, dass Sie selbst gerade durchleben. Am Ende fühlen sich beide vom anderen Verletzt und unverstanden und es kommt vielleicht zu einem kleinen Riss. Letztlich führen viele solcher Risse häufig zu unnötigen Trennungen, bei denen man enttäuscht von seinem Ex-Partner ist, den man selbst einmal geliebt, und der einen dann so oft weh getan hat.

Verstehen Sie mich nicht falsch, nicht jede Beziehung kann ewig halten, den oft kommt der Zeitpunkt, an dem wir merken, dass uns der Partner nicht mehr das geben kann, was wir eventuell von ihm wollen. Oder es gibt einfach zu viele Dinge in der Beziehung, die uns so sehr belasten, dass wir, obwohl wir den Partner lieben, unter ihm leiden. Ich glaube aber, dass weitaus weniger Beziehungen tatsächlich scheitern müssten.

Was also tun? Nun, zunächst einmal sollten wir uns genau in solchen Situationen wieder einmal bewusstmachen, dass der Andere so reagiert, weil er nach seinen Erfahrungen und nach seiner Wahrheit so handeln muss. Zudem sollten wir uns auch darüber im Klaren sein, dass unser Unterbewusstsein diese Tatsache noch nicht verstehen wird. Das bedeutet, dass das ungute Gefühl, der Stich ins Herz erst einmal bleibt. Aber erinnern Sie sich an das Beispiel der On-Off-Beziehungen: Wir funktionieren so, dass Sie selbst schon nach ein paar Stunden der gesamten Situation keine so große Bedeutung mehr beimessen werden. Denn die positiven Gefühle werden über kurz oder lang wieder zurückkommen und Ihren Schmerz überwiegen. Dann nämlich, wenn die Schutzfunktion unseres Unterbewusstseins, in diesem Fall die Angst, dass der jetzige Partner uns wie einer seiner Vorgänger bewusst schädigen will, schwächer wird.

Versuchen Sie also, erst einmal nichts zu sagen. Im Gegenteil, versuchen Sie, den Schmerz zu unterdrücken. Ich nenne das für mich, einen „stillen Kompromiss" eingehen. Denn in der Situation selbst fühlt man sich durch das Verhalten des Anderen verletzt. Doch man sollte versuchen, seinen Instinkt einmal nicht zu folgen und auf die Situation nicht so zu reagieren, wie es einem in diesem Moment richtig erscheint. Ich selbst zwinge mich in solchen Situationen dazu, zunächst einmal zu akzeptieren, dass es das gute Recht meines Partners ist, etwas Anderes zu tun oder zu sagen. Ich zwinge mich dazu, davon auszugehen, dass es nicht böse oder „gegen mich" gemeint war. Ich halte die Füße still und bereits nach kurzer Zeit begreife ich, dass es in der entsprechenden Situation gar keines Kompromisses jeglicher Art bedurfte. Denn der Fehler lag wiedermal bei der unterbewussten Angst, die eine ähnliche Situation aus der Vergangenheit hervorholte. Genau daher kam auch das Gefühl des verletzt Seins.

Dies wäre nun einer dieser Augenblicke, wo man sich seine Angst und die Erfahrung, die von ihr zum Vergleich herangezogen wurde, genauer ansehen sollte. Versuchen Sie herauszufinden, was in Ihrem Leben vorgefallen ist, welche Erfahrung Sie in Ihrem Leben gemacht haben, die dazu geführt hat, dass Ihr Unterbewusstsein Ihnen dieses schmerzliche Gefühl verpasste. Dies führt vielleicht dazu, dass Ihnen Bewusst wird, wo der „Fehler" lag. Dass es eigentlich nichts gab, was der Partner gemacht hat, was zu diesem Gefühl führte. Sondern eine andere Person in Ihrem Leben dafür verantwortlich war, was letztlich dem falschen Vergleich des Unterbewusstseins führte.

Nehmen wir zum Beispiel an, dass Sie mal in einer Beziehung lebten, in der Sie sich überglücklich gefühlt haben. In der Sie dachten, dass Sie bis zum Ende Ihres Lebens zusammen sein werden. Sie brachten den anderen Ihr volles Vertrauen entgegen und öffneten sich komplett. Er oder sie wusste alles über Ihr Leben, Ihre Fehler, Ihre Erfolge. Auch die Dinge, über die Sie mit anderen Menschen niemals sprechen würden. Nur dieser eine Mensch durfte es wissen. Sie fühlten sich in Ihrer Beziehung sicher.

Eines Tages verloren sie Ihren Partner und dies aus Ihrer Sicht vielleicht aus dem völligen Nichts heraus. Es war wohlmöglich eine der großen emotionalen „Niederlagen", die Sie erleben mussten. Dadurch wurde selbstverständlich auch die Warnfunktion Ihres Unterbewussten programmiert. Doch worauf achtet diese nun nach dieser schlimmen Erfahrung und wie zeigt sich das?

Nachdem Sie sich wahrscheinlich zunächst erst einmal vorgenommen haben, nie wieder eine Beziehung einzugehen, weil der Schmerz einfach zu groß war, werden Sie es sich nach dieser Phase zumindest in Zukunft zweimal überlegen, ob Sie Ihrem Partner alles aus Ihrem Leben anvertrauen wollen. Denn damit würden Sie ihr oder ihm wieder eine „Angriffsfläche" bieten. Sie wollen schließlich keinesfalls, dass sich die Geschichte wiederholt. Denn was wäre, wenn Sie wieder verlassen werden und ein weiterer Mensch mit Ihren Geheimnissen durch diese Welt läuft? Er würde dann die „Macht" besitzen, Sie zu jedem Zeitpunkt treffen zu können, Sie zu verraten, Ihre Verteidigung mit einem Fingerschnippen aufzubrechen. Er wäre eine weitere Person, die Sie dann vor allen bloßstellen könnte. Wenn er Ihnen denn überhaupt etwas Böses bewusst wollen würde.

Solche Gedanken aufgrund einer negativen Beziehungserfahrung führen wahrscheinlich dazu, dass Sie Ihrem neuen Partner zunächst nicht voll und ganz vertrauen werden. Wenn Sie das dann doch irgendwann tun sollten, dauert es bis dahin jedoch wesentlich länger, als zu den Zeiten Ihrer anfänglichen beziehungstechnischen Naivität. Somit wird diese angeknackste Vertrauensbasis aufgrund einer vergangenen, schlechten Erfahrung das neue Fundament Ihrer zukünftigen Beziehungen.

Aber es passiert noch etwas: Sie werden sensibler gemacht auf „Vorzeichen". Solche, die auf eine mögliche Trennung hindeuten könnten. Vorbei ist es mit der Naivität, ab jetzt zählen nur noch die bloßen Fakten. Das Problem ist nur, Sie wissen nicht, wie solche Vorzeichen aussehen. Also müssen wir sie aufgrund fehlender Erfahrungen hinsichtlich unseres neuen Partners erraten. Die einzige Konstante, die wir dazu zur Verfügung haben, sind unsere eigenen Erfahrungen und unser eigenes Handeln.

Also achten wir fortan sowohl bewusst als auch unterbewusst darauf, ob der Partner etwas sagt oder tut, was wir in diesen Situationen nicht oder nur dann machen würden, wenn wir ihn nicht mehr lieben würden. Wir „stülpen" somit unseren Partner über uns selbst und bewerten sein Handeln nach unseren Maßstäben. Dies hat zur Folge, dass die einzige verbliebene Möglichkeit für ihn die ist, eine Art emotionaler und gedanklicher Klon von Ihnen zu werden. Er muss Ihre Wahrheit erraten, ansonsten hat er keine Chance in Ihren Augen richtig zu handeln.

Wenn *sie* also beispielsweise über das Verhalten einer Sprechstundenhilfe bei ihrer Frauenärztin herzieht, die sie so unglaublich angeraunzt hatte, als sie nach einem neuen Termin fragte und *er* zur Beruhigung mutmaßt, dass diese Dame vielleicht einfach nur einen schlechten Tag hatte und so etwas es doch gar nicht wert wäre, sich den Tag zu verderben, wird er für sie automatisch zum Verbündeten ihrer aktuellen Gegnerin. Einfach, weil er nicht das gesagt oder getan hat, was sie in dieser Situation gesagt hätte. Denn *sie* fühlt sich gerade verletzt, *er* nicht, weil er ihre negative Erfahrung nur erzählt bekommen hatte, sie aber nicht selbst erlebte. Er hat möglicherweise auf lange Sicht schon jetzt keine Chance mehr. Beide fühlen sich vom Partner missverstanden und ein kleiner Riss ist entstanden.

Betrachten wir nun dieses Beispiel mal anders. Was wäre, wenn sie auf den Hinweis ihres Partners nichts gesagt oder getan hätte? Was wäre, wenn Sie sich zwar verletzt gefühlt, dies aber nicht gezeigt, sondern versucht hätte, es zu überspielen?

Ich denke, die Chancen wären nicht schlecht dafürgestanden, dass sie, nachdem sich ihre Aufregung über die Sprech-stundenhilfe gelegt hatte, begriffen hätte, dass ihr Partner sich alles andere als gegen sie gestellt hat. Er sogar versuchte, sie zu beruhigen, weil er einfach nicht wollte, dass es seiner Partnerin nicht gut ging. Sie hätte also lernen können, dass etwas Derartiges kein „Hinweis auf eine mögliche Trennung" oder gar einen Vertrauensbruch darstellt.

Es kann sich also durchaus lohnen, nichts zu sagen und erst einmal nicht zu zeigen, dass man sich verletzt fühlt. Denn manchmal ist der Andere dafür gar nicht verantwortlich. Die Kunst ist es anfangs nur, gegen den Drang etwas sagen oder tun zu müssen, anzugehen und eben nichts zu tun. Aber manchmal muss man einfach gegen seine Intentionen an-kämpfen und anders handeln als man möchte. Zumindest dann, wenn man seinen Partner liebt. Denn nur so werden Sie eine neue Erfahrung erlernen und Ihrem unterbewussten Schutzmechanismus irgendwann beibringen können, dass er wiedermal aufgrund einer bislang sehr einseitigen Program-mierung etwas zu sehr über das Ziel hinausgeschossen ist.

Je öfter Sie dies machen, desto schneller wird diese Erfah-rung auch in Ihrem Unterbewusstsein abgespeichert. Sie müssen eigentlich nur den ersten Schritt in diese Richtung unternehmen.

Es gibt jedoch auch Situationen, bei denen man sich zwar darüber im Klaren ist, dass der Andere es nicht böse meint, mit denen man aber, nachdem man erst einmal abgewartet hat, ob sich der Schmerz oder die Frustration legt, trotzdem nicht leben kann. Wenn der Partner ständig nicht mit einem ins Kino gehen möchte, dann bedeutet das zum Beispiel nicht, dass er mit einem nichts unternehmen will. Wenn man aber selbst Zeit seines Lebens ein großer Kinogänger gewesen ist, dann kann man nun einen „normalen Kompromiss" eingehen. Man geht halt weiterhin alleine oder mit Freunden ins Kino und verzichtet auf den Partner. Oder man trennt sich. Gut, eine „Trennung wegen wiederholt verweigertem gemeinsamen Kinobesuch" erscheint jetzt etwas übertrieben, und das ist es sicherlich auch. Aber was ist, wenn im Laufe dieser Beziehung immer mehr Kompromisse geschlossen werden müssen, die am Ende dazu führen, dass man sich selbst nicht mehr in seinem Leben wiederfindet? Nehmen wir hinsichtlich des Kinobeispiels noch zusätzlich an, dass Ihr Partner sehr Eifersüchtig ist, und Sie nicht alleine oder mit Freunden gehen lässt, weil er Angst hat, Sie könnten jemand anderes kennenlernen? Nun wird es schon problematischer, und Sie müssen aufgrund von Verhaltensweisen Ihres Partners überlegen, was Ihnen wichtiger ist. Ob Sie Ihr Leben weiterhin so führen, wie es ihnen wichtig ist, oder ob Sie aus Liebe zum Partner auf diesen Teil Ihres Lebens verzichten.

Nicht, dass wir uns falsch verstehen, Kompromisse dieser Art gehören zu unserem Leben und da wir Menschen andere Verhaltensweisen und Erfahrungen haben, kommen wir im zwischenmenschlichen Bereich ohne Kompromisse nicht sehr weit.

Entscheidend für uns ist jedoch, wieviel Sie bereit sind, für eine Beziehung zu irgendeinem Menschen von Ihnen selbst zu opfern.

Ich habe immer ein Bild einer Waage vor Augen, also nicht die, die mir jeden Tag zeigt, wie schwer meine Knochen sind. Sondern eine „Waage zum Massenvergleich". Eine, bei der man zwei nebeneinanderliegende Schalen hat, um zu sehen, ob etwas auf einer dieser Schalen schwerer ist als das Andere.

In Beziehungen jeglicher Art sollte diese Waage immer ausgeglichen sein. Ist sie dies nicht, dann ist der benachteiligte Partner über kurz oder lang unzufrieden mit der Situation. Wenn ein Arbeiter beispielsweise hervorragende Arbeit leistet, aber dafür nur einen sehr geringen Lohn bekommt, dann wird er über kurz oder lang seine Motivation verlieren. Seine Arbeitsleistung wird abnehmen, und wenn er schlau ist, wird er sich eine andere Anstellung suchen, bei der seine Arbeitsleistung gerechter honoriert wird und die Waagschalen ausgeglichener sind.

Wenn er nicht so schlau ist, dann wird er von Tag zu Tag frustrierter. Er ist vielleicht häufiger krank und seine Leistungen lassen immer mehr nach. Bis ihn sein Chef irgendwann für einen schlechten Arbeiter hält, weil von ihm nicht mehr die Leistung erbracht wird, die verlangt wird. Der Kompromiss, für weniger Geld zu arbeiten als es seine Arbeit wert ist, wiegt also zu schwer auf seiner Waagschale. Er leidet unter der Situation und die Probleme werden immer größer anstatt kleiner.

In partnerschaftlichen Beziehungen ist das ähnlich. Nur, dass wir hier in der Regel niemanden haben, der bezahlt, damit der andere etwas tut, was dieser Entlohnung entspricht. Zumindest nicht im rein materiellen Sinne. Obwohl es wahrscheinlich nichts gibt, was es nicht gibt. Auch in diesen Beziehungen gilt: Wenn die Waage über einen überschaubaren Zeitraum nicht ausgeglichen ist, und man leidet, sollte man überlegen, ob es so noch weiter Sinn macht.

Beziehungen, in denen sich zumindest ein Partner benachteiligt fühlt, sind welche, bei denen kein Gleichgewicht herrscht; und dieses Ungleichgewicht entsteht in der Regel dadurch, dass man für sich selbst zu viele Kompromisse eingegangen ist. Kompromisse, die das eigene Leben, so wie man es durch seine Erfahrungen gelebt hat, zu sehr beschränken. Man sollte jedoch einen klaren Blick dafür behalten, was dazu geführt hat. Es sind die eigenen Entscheidungen gewesen, diese einzugehen. Man trägt so gesehen selbst die „Schuld" für sein Leiden.

Da es in der Regel auch gute Zeiten miteinander gibt, die einen dieses Leiden manchmal vergessen lassen, ist es auch nicht immer einfach, eine Beziehung zu beenden. Obwohl man bereits ahnt, dass es besser für einen selbst wäre. Dazu kommt, dass bei dieser Entscheidung auch noch unsere unterbewussten Ängste vor dem „Alleinsein" beteiligt sind. Deswegen entscheiden wir uns häufig gegen das Gehen.

Es gibt auch die Beziehungen, in denen es einem sogar völlig unmöglich erscheint, sich von seinem Partner zu trennen. Beispielsweise, da man von diesem mittels Gewalt unterdrückt wird. Doch worin liegt die Ursache, dass man sich nicht von einem solchen Partner trennen kann? Ebenfalls in deren Ängsten. Weil diese Menschen der Meinung sind, dass der Partner sich rächen könnte. Zumindest halten sie es für möglich. Es handelt sich also wiedermal um eine Angst vor etwas, dass man nicht genau weiß und deswegen nicht kontrollieren kann. Eine weitere, nicht zu beweisende Befürchtung, die sich auf vergangene Erfahrungen stützt. Ob es aber deswegen tatsächlich Sinn macht, bei diesem gewalttätigen Partner zu bleiben, weil man Angst davor hat, dass er einem andernfalls Gewalt antun könnte, sei mal so dahingestellt.

Doch wenden wir uns noch einmal kurz dem Kinobeispiel zu. Hier wird wahrscheinlich jeder bis auf den absoluten Kinojunkie zu dem Ergebnis kommen, dass eine Trennung ausschließlich aus diesem Grund völlig übertrieben wäre.

Woran Sie allerdings in solchen Situationen denken sollten, der „Kinokompromiss" bleibt in Ihrer Waagschale, und zwar für immer. Zumindest so lange, bis diese Beziehung beendet, oder der Kompromiss zu Ihren Gunsten geändert wird. Doch bis das der Fall ist, werden sich zunehmend neue kleine Kompromisse dazugesellen. Sei es nur noch veganes Essen, Licht aus oder Licht an beim Sex, regelmäßige sonntägliche Besuche bei der Schwiegermutter, Kirchenbesuche oder keine Kirchenbesuche. Oder aber Freunde, zu denen Sie Ihren Partner begleiten „müssen", obwohl Sie diese nicht ausstehen können (und diese Sie auch nicht). Letztlich jede weitere „Kleinigkeit", jeder Charakterzug oder jede Verhaltensweise Ihres Partners, die Sie eigentlich nicht ausstehen können. Alles das häuft sich im Laufe der Jahre in ihrer Waagschale an.

In der anderen Schale ist „nur" die Liebe, die jedoch mit zunehmender Schwere der Kompromisse immer weniger und somit leichter zu werden scheint. Sie sehen, Sie sollten nicht jeden Kompromiss ohne weiteres eingehen und frühzeitig miteinander reden. Denn wenn Sie das nicht tun, muss Ihnen klar sein, dass diese Kompromisse in der Regel zunehmend eine Belastung für die Beziehung darstellen werden.

Ihr Partner hat natürlich auch seine eigene Waage, und nach meiner Erfahrung wird diese ebenso zu seinen Ungunsten im Ungleichgewicht sein wie die Ihre. Denn auch, wenn Sie dies manchmal glauben, Sie sind wahrscheinlich nicht der Einzige in Ihrer Beziehung, der Kompromisse eingeht. Das tun beide Partner. Wir sehen jedoch oftmals immer nur unsere

Eigenen. Weil nur diese uns aufgrund unserer Erfahrungen und unserer eigenen Wahrheit bewusst ist.

Wo liegt also der Fehler in solchen festgefahrenen Beziehungen? Ich denke, es liegt auf der Hand: In der Beziehung selbst. Doch bitte, ziehen Sie jetzt hieraus keine voreiligen Schlüsse. Ich habe nämlich keine große Lust in Zukunft von Menschen gejagt zu werden, die der Meinung sind, dass dieses Buch dazu geführt hat, dass sich ihre große Liebe von ihnen abgewendet hat.

Reden Sie zunächst, und bitte, sagen Sie deutlich und klar, worunter Sie leiden und was Ihnen in der Beziehung nicht gefällt. Soviel Vertrauen sollten Sie zu Ihrem Partner haben, dass Sie keine Angst davor haben. Sagen Sie, was Sie sich wünschen und versuchen Sie, aus Ihren beiden Waagschalen *eine* zu machen. Indem Ihnen einfach bewusst wird, dass Ihr Partner auch auf einiges verzichtet. Tun Sie seine Kompromisse also einfach in die Schale, in der sich bei Ihnen bislang nur Ihre Liebe befunden hatte. Ihr Partner sollte zudem das Gleiche tun. Wenn alles gut geht, kann man so wieder ein Gleichgewicht herstellen. Doch wenn dies nicht möglich erscheint, so hat man zumindest die Gelegenheit, sich im Guten und mit reinem Gewissen von dem Anderen zu trennen.

Falls Sie das nicht tun, nun, dann machen Sie zumindest nicht den Anderen für Ihr Leben verantwortlich. Denn Sie sind der Einzige, der in Ihrem Leben Entscheidungen treffen kann. Die Hoffnung stirbt bekanntlich zuletzt, aber wenn Sie nichts tun, dann wird ihre Hoffnung irgendwann sterben. Dann leidet man entweder für immer oder man wirft dem anderen bei der Trennung seine ganzen Kompromisse um die Ohren, obwohl dieser gar nichts dafür kann. Nur Sie. Warten

Sie also bitte nicht darauf, dass Ihr Partner Ihre Probleme löst und er sich ändert. Das kann er gar nicht. Denn…

Menschen können sich nicht ändern, nur ihr Verhalten

Irgendwie sind wir Menschen schon komisch, wir kommen auf die Welt und lernen recht schnell, dass wir zum Beispiel mit Bauklötzen Dinge bauen, Dinge erschaffen können. Wir können unser zu Hause ändern, in dem wir es planen, uns Möbel aussuchen, um damit unser Umfeld wohnlicher zu gestalten. Einige sammeln die Erfahrung, dass sie, wenn sie in das vor ihnen stehende Fahrzeug fahren, einen Unfall bauen können, und auch der Nachwuchs wird in der Regel von uns bewusst „gemacht". Eine objektive Wahrheit scheint also definitiv zu sein, dass wir selbst unser Leben in irgendeiner Form aktiv gestalten können. Trotzdem suchen wir die Lösung für unsere Probleme oft darin, dass andere es für uns tun.

Wir sind der Ansicht, dass wir zu wenig verdienen, aber die meisten warten darauf, dass der Chef kommt, und uns mehr Geld anbietet. Manchmal haben wir lange nichts mehr von bestimmten Menschen gehört, aber wir warten darauf, dass dieser Mensch sich bei *uns* meldet. Wir sind unglücklich in unserer Beziehung, aber wir warten darauf, dass der Partner sich ändert. Aber wie soll das gehen?

Zur Beantwortung, beziehungsweise zum Verständnis dieses Problems, stellen Sie sich doch bitte nun folgende Frage: Wann haben *SIE* das letzte Mal eine Ihrer Verhaltensweisen, also eine auf Ihren Erfahrungen basierende Grundhaltung komplett bewusst geändert? Ich rede nicht von Kompromissen und auch nicht davon, dass Sie im Laufe Ihres Lebens aufgrund zunehmender Erfahrungen gelernt haben, Dinge neu zu bewerten, sodass Sie heute vielleicht andere Entscheidungen treffen oder Situationen anders bewerten, wie vielleicht vor einigen Jahren. Ich spreche von Änderungen Ihrer selbst, Änderungen Ihrer „Basissoftware", Ihres bereits als Säugling und in Ihrer Kindheit geprägten Charakters.

Ganz ehrlich, ich behaupte, dass Sie dies noch nie getan haben. Wie sollte das auch gehen? Denn damit wir uns derartig in bestimmten Dingen grundlegend ändern, müssten wir zunächst einmal feststellen, dass bestimmte Verhaltensweisen von uns in wessen Augen auch immer objektiv nicht richtig sind. Um dies jedoch tun zu können, müssten wir uns mit den subjektiven Erfahrungen und Wahrheiten der Menschen sehen, die genau mit dieser Eigenschaft von uns ein Problem haben. Letztlich müssten wir noch überzeugt davon sein, dass tatsächlich wir und nicht alle anderen falsch liegen. Die Grundlage einer Änderung des eigenen selbst ist somit ganz sicher nicht die Bewertung durch einen anderen Menschen.

Deswegen ist es zwar logisch, dass wir Veränderung immer nur von anderen Menschen verlangen. Denn wir selbst tun es nicht, wir haben ja recht. Es ist aber auch im gleichen Maße unlogisch.

Das Problem ist, Jeder denkt genauso. Weil jeder für sich in seinem Leben aufgrund seiner eigenen Wahrheit dasselbe verlangt: Die Anderen müssen, ich muss nicht. Wie soll es also gehen, wie sollen sich die Menschen in ihrem Umfeld am Besten von jetzt auf Gleich grundlegend ändern, damit es ihnen bessergeht?

Ganz einfach, *es geht nicht.*

Das bedeutet aber nicht, dass wir Menschen nicht in der Lage sind, bestimmte Verhaltensweisen von uns zu ändern, die wir vielleicht nicht wollen. Denn wir merken schon, dass uns manche Dinge im Leben vorenthalten bleiben, weil wir nun mal so sind, wie wir sind. Wenn wir uns zum Beispiel zu sehr darüber ärgern, dass wir ständig Probleme im Job haben, weil wir einfach zu vorlaut sind und immer wieder die Autorität unseres Vorgesetzten untergraben. Oder wenn wir genau das Gegenteil machen, wenn wir bei unserer Arbeitsstelle leiden, und wir zwar wissen, dass nur wir es ändern können, es uns aber einfach nicht trauen. Oder aber auch, wenn wir in unserer Beziehung ständig zu impulsiv reagieren, und damit unseren Partner verletzen, der objektiv gesehen gar nichts dafür konnte.

Doch wie diese Beispiele zeigen, müssen wir wohl erst unter unseren eigenen Verhaltensweisen subjektiv leiden, bevor wir überhaupt auf den Gedanken kommen, an uns selbst zu arbeiten. Dies reicht jedoch oftmals gar nicht aus. Denn letztlich müssen wir auch in diesem Punkt unser Verhalten ändern *wollen.* Nur dann haben wir eine Chance, uns in diesem Punkt zu entwickeln. Doch das ist leider nichts, was wir innerhalb von ein paar Tagen erledigen können.

Wenn Sie jedoch in Ihrem Leben Situationen kennen, auf die genau das zutrifft, dann haben Sie den ersten wichtigen Schritt bereits getan. Denn das Erkennen, dass Ihr eigenes Verhalten zumindest mit dafür verantwortlich sein könnte, dass bestimmte Dinge in Ihrem Leben nicht so laufen, wie Sie es gerne hätten, ist die essentielle Grundlage für eine er-wünschte Verhaltensveränderung. Nur, wenn man etwas nicht sieht, kann man auch nichts ändern wollen.

Wenn Sie es aber bereits erkannt haben, dann wird es an-fangs oft so sein, dass Ihnen diese unerwünschte Verhaltens-weise viel zu spät klar wird. Doch gehen wir gedanklich noch einmal ein paar Seiten zurück.

„Stille Kompromisse", also gegen seine eigene Intention in einer Situation, in der man sich vielleicht zutiefst verletzt fühlt, etwas nicht zu tun, sondern erst einmal ruhig zu bleiben und dann, wenn sich die Aufregung und der Schmerz ein we-nig gelegt haben, darüber nachzudenken, werden nicht von jetzt auf gleich funktionieren. Denn Sie als Mensch sind nun mal so geprägt, wie Sie es sind. Das bedeutet aber nicht, dass Sie es nicht versuchen wollen (zumindest raten wir Ihnen das). Letztlich wird es wahrscheinlich so sein, dass Sie doch in irgendeiner Form überreagieren, und in der Situation selbst wird Ihnen das überhaupt nicht klar. Es läuft ja eines der vie-len Basisprogramme in Ihnen ab. Aber irgendwann kommt dann der Zeitpunkt, wo Sie sich vielleicht an die Zeilen hier in diesem Buch erinnern. An dem Ihnen ihr Verhalten leidtut und Sie sich wünschten, anders reagiert gehabt zu haben.

Ihr Unterbewusstsein wird diese neue Erfahrung des Be-reuens in einer solchen Situation abspeichern. Zumindest dann, wenn Sie wirklich darunter leiden, und Sie sich mit all den damit zusammenhängenden Gedanken mit diesem Thema beschäftigen.

Doch es passiert noch etwas. Um sich diesen nun einset-zenden Prozess zu veranschaulichen, stellen Sie sich einfach eine Zeitachse vor, also eine gerade, waagerechte Linie. Sie können auch gerne ein Blatt Papier zur Hand nehmen und sich diese Linie tatsächlich aufzeichnen.

Irgendwo am Anfang dieser Linie legen wir nun den Punkt fest, an dem dieses Ereignis passierte. Etwas weiter hinten, je nachdem, wie lange es gedauert hat, bis sie Ihre Reaktion als im Nachhinein nicht gewollt entlarvt und bedauert haben, machen Sie eine zweite, andersfarbige Markierung.

Das Ziel wird es nun in den kommenden Tagen, Wochen oder Monaten sein, je nachdem, wie häufig eine vergleichbare Situation stattfindet, die Markierung Ihres Bereuens *VOR* die Markierung des Handelns zu bekommen. Genau das wird passieren, denn wir lernen unser Unterbewusstsein ja neu an. Das bedeutet, dass Sie mit jedem Mal früher bereuen werden, bis Sie es eines Tages gelernt haben, dass die nun normalerweise bevorstehende Reaktion auf etwas wieder zu dem Ergebnis führen wird, dass Sie es bereuen. Deswegen lassen Sie es dann ganz einfach sein.

Wir „manipulieren" also unseren unterbewussten Warnmechanismus derart, dass er mal was Sinnvolles tut. Nämlich uns vor Dingen warnt, die wir selbst bewusst nicht wollen.

Doch damit ändern wir uns nicht grundlegend, und wie Sie sehen, ist dies kein leichter Prozess, der in kurzer Zeit von statten geht. Die meisten Menschen scheitern zudem an der Bereitschaft dazu, diese Dinge anzugehen.

Das ist ein bisschen wie mit dem Rauchen aufhören. Wir reden uns allzu gerne ein, dass das ja eine Sucht ist und das Aufhören nicht so einfach ist, und dass wir natürlich einmal den Fehler gemacht haben damit anzufangen, nun jedoch hoffnungslos in dieser Falle drinsitzen. Physisch gesehen ist eine anzunehmende Nikotinabhängigkeit jedoch mehr oder weniger völliger Blödsinn. Schon, Nikotin macht körperlich abhängig. Aber im Gegensatz zu anderen Suchstoffen entwöhnt sich der Körper vergleichsweise schnell. Jeder, der mal mit dem Rauchen aufgehört hat, wird das bestätigen können. An den ersten Tagen denkt man noch oft daran, nach einer Woche hat es schon merklich nachgelassen und irgendwann nach zwei bis drei Wochen wundert man sich das erste Mal, dass man diesen Nonsens überhaupt mal angefangen hat.

Das geht dann so lange gut, bis man bei geselligem Beisammensein wieder eine Zigarette rauchen *will*. Und genau da liegt das Problem. Jeder kann aufhören, selbst der Raucher, der die erste Zigarette bereits im Jugendalter vor 30 Jahren geraucht hat. Aber wenn diese Menschen ehrlich sind, wollen sie es gar nicht wirklich. Denn abgesehen davon, dass sie bislang wohl offensichtlich keine großen gesundheitlichen Einbußen durch das Rauchen erleben mussten, haben sie in ihrem Gedächtnis viele wunderschöne Erfahrungen abgespeichert, die irgendwie auch immer mal wieder was mit einer Zigarette im Mund zu tun gehabt haben werden. Deswegen ändern sie es auch nicht, denn für sie gehört Rauchen irgendwie dazu.

Mit anderen ungeliebten Verhaltensweisen ist das oftmals ähnlich. Ja, sicher, man leidet manchmal darunter, und ab und an verliert man dadurch auch etwas, was man gerne hatte. Aber sind solche Dinge es tatsächlich Wert, sein eigenes Verhalten zu ändern? Man ist doch bis hierhin auch ganz gut mit diesem Verhalten zurechtgekommen. Letztlich war im Leben ja auch nicht alles schlimm und irgendwie lief es ja doch immer weiter. Das sind dann so die Ausreden, die uns im Kopf umherschwirren und die verhindern, dass wir uns an diese Verhaltensweisen dransetzen und daran arbeiten.

Das Starten eines Änderungsprozesses fällt uns also oftmals sehr schwer, und wenn wir es dann doch einmal versuchen, dann fallen wir doch in den meisten Fällen in unsere alten Verhaltensmuster zurück. Man ist eben in der Regel nur bereit, etwas an seinem Verhalten zu ändern, wenn man es selbst als ungünstig für sich ansieht. Doch selbst dann klappt es nicht immer. Fragen Sie mal die Raucher.

Der Punkt ist, dass das auch nicht (immer) schlimm ist. Es ist eine Frage der Betrachtung. Wir haben nämlich zwei gute, richtige Möglichkeiten. Wir können sagen, dass wir nun mal so sind wie wir sind, mit allen unseren Ecken und Kanten, was völlig in Ordnung ist. Doch dann sollte uns auch bewusst sein, dass wir vielleicht in einigen Situationen leiden, Menschen verlieren werden, die uns etwas bedeuten oder aber Dinge oder Beziehungen nicht bekommen, die wir uns für unser Leben gerne wünschen. Aber auch solche Enttäuschungen prägen uns und machen uns aus.

Oder aber wir sind bereit, etwas mehr zu investieren und zu versuchen, unsere Verhaltensweisen so anzupassen oder zu ändern, dass wir nicht immer die gleichen negativen, ungewollten Erfahrungen machen müssen. Entscheidend ist nur, dass wir selbst und nicht jemand anderes will, dass wir uns in bestimmten Dingen ändern.

Wenn Sie also jemand anderem sagen, dass er sich in bestimmten Dingen ändern soll, und zwar so, wie *Sie* es gerne hätten, dann bedeutet das nur, dass günstigstenfalls nur ein weiterer Kompromiss in dessen Waagschale kommt. Doch wie Sie wissen, bedeuten zu viele Kompromisse irgendwann das Ende der ursprünglichen Beziehung.

Letztlich hat es ja auch meistens einen Grund, warum der ein oder andere Mensch für uns interessant ist. Doch wenn

Sie nun damit anfangen, einem Menschen Ihre Sicht der Dinge aufzuzwingen, dann wird dieser Mensch im zunehmenden Maße unglücklich werden, weil er bei Ihnen nicht so sein kann, wie er es selbst gerne möchte. Daneben besteht auch die Gefahr, dass Sie selbst ihn, wenn er so ist, wie Sie es sich „wünschen" langweilig finden werden. In der Folge wenden Sie sich vielleicht sogar von Ihm ab. Denn er kann Ihnen nichts mehr geben, was Sie noch nicht kennen. Sie haben ihn zu einer Art Klon von sich selbst gemacht.

Lassen Sie es also einfach. Sie sollten weder von den Menschen in Ihrem Umfeld verlangen, dass sie sich ändern, noch sollten Sie darauf hoffen, dass sie es von sich aus tun. Denn das werden sie nur, wenn sie es selbst wollen. Genau wie Sie selbst auch. Nur Sie für sich können etwas ändern, und das ist für Ihr Leben auch völlig ausreichend.

Gut und Böse, Richtig und Falsch

Gibt es einen Menschen in Ihrem Leben, den Sie absolut nicht mögen? Jemanden, den Sie sogar richtig hassen? Ihren Ex-Partner vielleicht? Oder sogar Ihre Eltern, weil diese Menschen Ihnen etwas angetan haben, was Sie ihnen niemals verzeihen können? Weil sie falsch gehandelt haben, weil sie böse zu Ihnen waren?

Haben Sie sich vielleicht auch schon mal gefragt, warum es überhaupt so viele „böse" Menschen auf diesem Planeten gibt? Warum Menschen andere umbringen, warum Kriege geführt werden, warum Tausende entlassen werden, damit der Gewinn eines Unternehmens noch größer wird? Oder warum alte und wehrlose Menschen beraubt oder betrogen werden? Warum Ihre Schwiegermutter Sie nicht leiden kann und sie Sie auch nicht? Zugegeben, letzteres ist in der Regel bei vielen von uns Menschen seit Jahr Millionen tief in den Genen verankert. Aber alle anderen Dinge werfen eine interessante Frage auf: Warum sind so viele Menschen böse?

Wissen Sie was, vielleicht sind sie es gar nicht, vielleicht laufen sie nur irgendetwas hinterher, was sie glauben, unbedingt haben zu müssen. Dazu zunächst folgende kleine Geschichte:

Stellen Sie sich vor, unsere Welt wäre eine riesengroße Torte auf einer Geburtstagsfeier. Für jeden Gast ist theoretisch ein großes Stück da. Die Torte sieht ganz phantastisch aus, und so glaubt man, dass sie bestimmt auch hervorragend schmecken würde, und dass man nach dem Verzehr ein noch glücklicherer Mensch sei.

Irgendwann hat dann mal einer der Gäste sich nicht eines, sondern zwei Stücke von der Torte auf seinen Teller genommen. Sie sah einfach zu köstlich aus und es war doch offenkundig genug da. Dies blieb jedoch bei einigen Gästen nicht unbemerkt. Man begann sich vereinzelt zu fragen, wessen Tortenstück nun dieser „Vielfraß" genommen hätte, und man bekam plötzlich ein ungutes, ängstliches Gefühl, dass es das Eigene gewesen sein könnte. Da die Torte aber wirklich riesig war, und sich noch längst nicht alle Gäste ein Stück genommen hatten, nahm man sich eines auf seinen Teller und tat so, als wäre nichts passiert.

In der Folge passierte auch nichts, aber denen, die diesen Mundraub mitbekommen hatten, ging diese „Tat" nicht mehr aus dem Kopf. Sie sahen auf ihren Teller und fragten sich, ob sie denn alleine dadurch, dass ihr Stück auf ihrem Teller lag, tatsächlich sicher waren. Denn ihre neu erlernte Erfahrung zeigte ihnen ja, dass jederzeit jemand kommen könnte, der mehr nahm, als ihm zustehen würde.

Zudem passierte ja auch nichts, es gab offensichtlich keine Konsequenzen. Mit dieser weiteren Erfahrung im Hinterkopf entschloss man sich nun, ganz auf Nummer sicher zu gehen und sich auch noch ein zweites Stück zu nehmen, denn wenn ihnen das Erste genommen werden würde, dann hätten sie ja noch das Andere. Gesagt, getan.

Doch auch das blieb nicht unbemerkt und fand Nachahmer. Selbst der Gast, der das Ganze überhaupt erst losgetreten hatte bekam dies nun mit. Aber da er sein Vergehen überhaupt nicht als solches realisiert hatte, nahm er sich zur Sicherheit noch ein drittes Stück, denn er wusste ebenfalls nicht, ob ihm am Ende genug bliebe, und da sich sowieso alle mehr zu nehmen schienen als ihnen zustand, nahm er sich zur absoluten Sicherheit noch ein viertes und ein fünftes dazu. Wie bei den anderen Gästen auch, wuchs jedoch mit jedem weiteren Tortenstück die Angst, dass nun wiederum ein anderer käme, der es ihm wieder wegnehmen könnte.

Das passierte mittlerweile auch, denn es war nichts mehr von der Torte übrig, und einige von denen, die nichts abbekommen hatten, versuchten nun eines von den vielen Stücken auf den Tellern derer zu ergattern, die dort bereits mehrere gehortet hatten. Sie urteilten über sie und sagten, dass sie böse wären, denn sie hätten sich mehr genommen, als ihnen zustünde. Die Anderen wiederum urteilten ebenso über die potentiellen bösen Diebe, die ihnen ihre Tortenexistenz streitig machten und damit in ihren Augen eine Gefahr für ihr Überleben darstellten.

Beide Seiten, die mit und die ohne Tortenstücke bekamen nun immer mehr Angst, ob sie am Ende für sich noch etwas von der Torte hätten. Oder ob sie zu denen gehören würden, die nichts abbekamen. Die Einen versuchten noch mehr Tortenstücke zu bekommen, um vermeintlich ganz auf der sicheren Seite zu sein, und die Anderen wollten erst einmal nur ein einziges.

Manche von diesen ergatterten auch mal etwas von der Torte, aber nachdem sich die erste Freude gelegt hatte, wurde auch ihnen wieder bewusst, dass sie es jeder Zeit wieder verlieren konnten. Also mussten nun auch sie Maßnahmen treffen und nach Möglichkeit noch mehr Stücke erlangen.

Nun, ich bin mir fast sicher, einige von Ihnen denken jetzt, dass sie wissen, was ich Ihnen mit dieser kleinen Geschichte sagen möchte. Sie glauben, „dass sie auf die ungleiche Verteilung der Ressourcen auf diesem Planeten anspielt, die die Wurzel allen Übels" und das darin das Böse auf dieser Welt läge. Nein. Die ungleiche Verteilung auf unserem Planeten ist nur *die Folge* dessen, was hier wirklich das Problem verursacht von Ängsten ist.

Es geht darum, dass die Menschen alle auf einer Party waren. Ich weiß nicht genau, was Sie auf Partys machen, aber ich feiere da mit den Menschen die ich mag und bin in der Regel schon glücklich genug, wenn ich da bin. Die Gäste in der Geschichte bildeten sich aber ein, noch glücklicher werden zu müssen, und sie dachten, weil die Torte so fantastisch ausgesehen hatte, dass sie das durch den Verzehr erreichen konnten. Das Gegenteil war jedoch der Fall. Sie wurden ängstlich und unglücklich je mehr Stücke sie hatten oder aber, wenn sie gar keines abbekamen.

Doch wer handelte von ihnen nun böse? Ich denke, Sie werden wahrscheinlich zum Großteil für Diejenigen Partei ergreifen, die nichts von der Torte abbekommen haben, weil diese nichts hatten, da die anderen es ihnen vorenthielten. Vielleicht zählen Sie sich sogar selbst zu dieser Gruppe von Menschen.

Andere sympathisieren vielleicht auch mit den Menschen, die einfach als erste da waren und sich die Kuchenstücke genommen haben. Die nichts abbekommen hatten hätten ja früher kommen und somit auch ein Stück bekommen können. Der Kuchen war ja frei zugänglich. Die Stücke nun den Anderen wieder wegzunehmen wäre Diebstahl und somit böse.

Doch betrachten wir kurz noch ein weiteres Beispiel. Wenn man einigen sogenannten Verschwörungstheoretikern Glauben schenkte, dann würde man vielleicht denken, dass die Erde gar nicht von Staatsoberhäuptern, Monarchen und Politikern regiert wird, sondern von einer kleinen Gruppe von Menschen, vielleicht sogar nur einem Einzigen. Aus den subjektiven Wahrheiten der meisten Menschen heraus müsste das dann die ominöse Wurzel allen Übels sein, die oder derjenige, der für all das Schlechte auf der Welt Verantwortung trägt oder zumindest die Macht hätte, alles zum Guten zu ändern, was er (oder sie) jedoch nicht tut.

Sie würden dies wahrscheinlich sofort tun, wenn Sie die Macht dazu hätten. Sie würden vielleicht Armut bekämpfen, Ungerechtigkeiten abschaffen und dafür sorgen, dass es jedem Menschen gut geht. Zumindest theoretisch würden Sie das. Selbstverständlich beinhaltet „jedem" auch Sie selbst. Im Grunde genommen werden Sie erst einmal genau die Missstände, die für Sie selbst gelten oder die Sie konkret erfahren oder sehen, abschaffen wollen. Den Hunger in der Welt, Armut, Kinderarbeit, einfach alles, was aus Ihrer Sicht Unrecht ist. Das wäre für Sie gutes Handeln.

Genau hier liegt jedoch das Problem. Denn wenn wir darüber sprechen, was böse ist, dann müssen wir auch die Frage klären, was gut ist. Gleiches gilt im Übrigen auch für richtig und falsch. Ist gut das, was *Sie* denken? Aus Ihrer Sicht ja, aber aus objektiver Sicht? Sie werten nämlich nur aufgrund Ihrer Erfahrungen und von Ihrem Standpunkt aus. Genau das tun wir Menschen ständig. Wir werten und bewerten Situationen und entscheiden dann für uns selbst als eine Art Richter, was nun gut oder schlecht ist.

Allerdings machen wirkliche Richter eines nicht, sie urteilen zwar über Sachverhalte, jedoch keinesfalls aufgrund subjektiver Erfahrungen, sondern, zumindest, wenn sie gute Richter sind, auf feststehende, bewiesene Tatsachen.

Somit verhält es sich mit den Begriffen „Gut", „Böse", „Richtig" und „Falsch" genauso wie mit den Wahrheiten. Wir können nur aufgrund unserer Erfahrungen denken und uns eine Meinung bilden. Aus dieser Subjektivität heraus meinen wir dann, objektiv urteilen zu können. Aber unsere eigene Wahrheit gilt für die meisten Menschen nicht. Folglich hat vielleicht schon Ihr Partner, was diese Begriffe betrifft, eine völlig andere Vorstellung.

Wenn wir also davon ausgehen, dass jeder Mensch aufgrund seiner höchst persönlichen subjektiven Wahrheit über Gut und Böse, Richtig und Falsch urteilt, dann wird wohl jeder Mensch sein eigenes Handeln in der Regel aus seiner Sicht und den Dingen, die ihn dazu veranlassen, als Richtig und Gut beurteilen. Denn das sagen ihm seine Erfahrungen und sein Denken. Wir handeln also nicht subjektiv gegen Andere, sondern wir handeln *für uns* Richtig und Gut. Das zumeist noch angespornt durch unsere Existenz- und Verlustängste.

Ich habe mit vielen Menschen über dieses Thema geredet, und den allermeisten davon ging es in ihren eigenen Augen nicht so gut, wie sie es gerne hätten. Sie sagten, dass das ja alles gut und schön sei, aber die mit den vielen Stücken Torte haben doch alles, was sie brauchen. Sie können sogar locker etwas von ihrem Besitz abgeben und hätten immer noch genug für sich selbst.

Zugegeben, dies ist ein guter Gedanke. Wahrscheinlich ist

er sogar auch objektiv richtig. Aber das sieht jemand, der etwas hat, was er wieder verlieren könnte bereits anders. Ich glaube sogar, je mächtiger ein Mensch ist, oder je mehr er sein Eigen nennt, desto größer sind seine Existenz- und Verlustängste. Viel zu haben bedeutet eben auch, viel verlieren zu können. Somit schwindet die Bereitschaft, etwas von seinem Besitz abzugeben wohl im selben Maße, wie der Besitz zunimmt.

Wenn ein Manager zum Beispiel ein Spitzenergebnis für ein Unternehmen erzielt, dann wird er im darauffolgenden Jahr genau an diesem gemessen. Dieses Ergebnis ist die neue Nulllinie für sein zukünftiges Tun. Aus seiner Sicht ist es also nur logisch, richtig und gut, tausende von Menschen zu entlassen. Denn damit kann er den Gewinn weiter steigern. Er ist kein böser Mensch, er hat nur neben all seinem Ehrgeiz auch wahnsinnige Angst, selbst gefeuert zu werden, wenn er für das Unternehmen im folgenden Geschäftsjahr kein weiteres hervorragendes Ergebnis erwirtschaften kann. Darum führen Menschen Kriege. Weil sie Angst haben, dass Andere kommen und ihnen alles wegnehmen.

Was bedeutet das jetzt für uns? Nun, zunächst einmal, dass wir aller Wahrscheinlichkeit nach *alle* für uns selbst gute Absichten verfolgen. Gute Absichten, die uns betreffen, unsere Familie und unser Umfeld. Somit handeln wir aus unserer Sicht richtig und gut, und das tut aus seiner Sicht wahrscheinlich jeder Mensch. Denn jeder verteidigt letzten Endes nur seinen eigenen Standpunkt, an den er glaubt und von dem er überzeugt ist, weil dieser durch seine Erfahrungen, seine Ängste und seiner daraus resultierenden subjektiven Wahrheit entstanden ist.

So auch Ihr Partner oder Ihre vergangene Beziehung. Sind wir doch mal ehrlich, wie wahrscheinlich ist es, dass jemand, den wir lieben und der uns liebt, ein Mensch ist, der uns während oder nach der Beziehung wirklich etwas Böses will?

Gut, manchmal wünschen wir ihm sogar im Nachhinein den Tod oder zumindest alles Schlechte. Doch auch, wenn wir derartiges dann in der Regel nicht wörtlich meinen, so verspüren wir eben manchmal den tiefen Wunsch nach Rache. Rache für das, was uns angetan wurde. Weil dieser andere Mensch uns weh getan hat. Wir denken, dass er uns bewusst verletzt hat, als wir am wenigsten damit gerechnet haben. Vielleicht ist dieser Jemand fremdgegangen und hat uns betrogen, vielleicht hat er aber auch einfach nur nie verstehen wollen, wer wir sind und was wir brauchen. Möglicherweise glauben wir aber auch, dass er uns niemals geliebt haben kann und uns etwas vorgemacht hat. Was auch immer es war, er ist ein böser Mensch.

Doch was, wenn er gar nicht anders konnte? Vielleicht haben Sie ihn nie verstanden und Dinge von ihm verlangt, die er nicht machen wollte. Vielleicht hat er Ihnen oft gesagt, dass es ihm schlecht geht, aber Sie haben nicht zugehört. Möglicherweise hat er Sie geliebt und alles getan, was er konnte. Doch es reichte nicht. Vielleicht hält er sie nun auch für einen bösen Menschen.

Was würden Sie dazu sagen? Können Sie sich vorstellen, dass Sie aus der Sicht Ihres Ex-Partners böse sind? Haben Sie sich schon einmal Gedanken darübergemacht, was Sie selbst getan haben könnten, dass dieser Mensch diese Meinung über Sie hat? Denken Sie im Nachhinein vielleicht sogar anders über die entsprechende Situation und bereuen Ihre eigenen Handlungen? Gab es auch Fehler, die Sie gemacht haben? Zugegeben, eine ganze Menge Fragen. Aber ich bin mir sicher, dass diese nicht neu für Sie sind.

Denn die meisten Menschen fragen sich diese, oder ähnliche Dinge, wenn irgendetwas in ihrem Leben schiefgeht. Vor allem auch nach dem Scheitern einer Beziehung. Zumindest tun das diejenigen, die nicht an einer Persönlichkeitsstörung leiden, bei der in den meisten Fällen immer die anderen Schuld sind.

In der Regel reflektieren wir nämlich unser eigenes Verhalten, wir denken über unsere eigene Rolle in dem Ganzen nach. Einfach nur, um irgendwie für uns selbst auch einen Schlussstrich unter eine Beziehung setzen zu können. Doch sicherlich auch, um daraus zu lernen, damit wir uns das nächste Mal vor einer weiteren negativen Erfahrung dieser Art schützen können. Aber unabhängig davon, zu was für einem Ergebnis Sie in Ihrer Reflektion gekommen sind, Sie können davon ausgehen, dass Ihr Ex-Partner sich auch seine Gedanken zu dem Ganzen gemacht hat.

Bei einer Trennung gibt es immer zwei Seiten, die auf die eine oder andere Art darunter leiden. Einen Schuldigen dafür zu suchen, wer der Böse in der ganzen Geschichte war macht es zwar am Anfang oft einfacher, aber auf lange Sicht gesehen erhält es nur den Schmerz aufrecht.

Ich persönlich denke nicht (mehr), dass man in oder am Ende einer Beziehung seinem Partner etwas Böses will. Weil ich nicht daran glaube, dass wir dem Anderen bewusst schaden wollen. Wir handeln einfach nur für uns. Wahrscheinlich um uns gegen etwas zu schützen, was dem Anderen gar nicht bewusst ist.

Es scheint also offensichtlich weder ein Gut noch ein Böse zu geben. Genau so wenig, wie ein Richtig oder Falsch. Denn alles kann immer alles sein, je, nachdem, welche Perspektive Sie gerade haben, welche Erfahrungen Sie in Ihrem Leben gesammelt haben und wie Sie einzelne Aspekte des Lebens subjektiv bewerten.

Sollten Sie dennoch weiter daran glauben, dass Ihr Ex-Partner böse ist und das tiefe Gefühl haben, es ihm heimzahlen zu wollen, dann bedenken Sie bitte zwei Dinge: Zum einen hält Sie das in Ihrer Vergangenheit fest und hindert Sie wohlmöglich daran, offen und frei für eine neue, vielleicht viel schönere Beziehung zu werden. Zum anderen machen auch mögliche Rachegelüste keinen Sinn. Was bringt Ihnen Rache? Vielleicht fünf Minuten ein gutes Gefühl und den Rest des Lebens ein schlechtes Gewissen, mit dem Sie wiederum auf die eine oder andere Art lernen müssen umzugehen. Oft wird es dann einfach immer mal wieder im Alkohol ertränkt. Doch benebelt werden wir uns nicht die Zukunft gestalten können, die wir möchten. Wir sollten lieber vergeben.

Der Fehlermythos

Vielleicht glauben Sie auch, dass die Beziehung zu Ihrem Ex-Partner von vornherein ein großer Fehler war. Aber um hier für sich Klarheit zu erlangen, sollten wir uns auch einmal genauer ansehen, was ein „Fehler" überhaupt ist. Die Beantwortung dieser Frage ist gar nicht so einfach, denn im Grunde genommen benutzen wir diesen Begriff für mehrere ähnliche Dinge, die sich jedoch bei genauerer Betrachtung voneinander unterscheiden.

Diese unterschiedlichen Arten von Fehlern machen wir bereits alle im Kindesalter. So begehen wir Fehler, die uns selbst betreffen und die wir im Nachhinein irgendwie bereuen. Wenn wir zum Beispiel entgegen aller Warnungen die heiße Herdplatte anfassen oder auf die Fensterbank klettern und herunterfallen. Beides tut uns weh, und wir überlegen uns beim nächsten Mal zweimal, ob wir so etwas erneut tun.

Wir halten uns auch nicht immer an gesellschaftliche Normen, weil wir überhaupt noch nicht wissen, was das sein soll. Daher hauen wir ganz gerne mal im Sandkasten unserem Spielkammeraden eins mit der Sandschüppe drüber, ohne im Vorhinein auch nur ansatzweise zu erahnen, dass wir das nicht dürfen.

Letztlich begehen wir auch Fehler, die nur für einzelne Menschen aus ihrer subjektiven Sicht überhaupt als solche gelten. Beispielsweise könnte es für Ihren Vater (und natürlich auch für Sie) absolut in Ordnung gewesen sein, wenn Sie anstatt um 19.oo Uhr erst um 20.oo Uhr ins Bett gegangen sind. Ihre Mutter hingegen regte sich über Sie beide fürchterlich auf. Denn sie war vielleicht der Ansicht, dass Sie so nicht genug Schlaf bekommen würden. Es wurde also aus der Sicht der Mutter ein Fehler begangen.

Somit scheint es drei unterschiedliche Arten von Fehlern zu geben, die wir begehen können. Die „Objektiven", die jeder als solche bezeichnen würde, die „Subjektiven", die nur in den Augen von bestimmten Menschen aufgrund deren persönlichen Erfahrungen welche sind, und letztlich die, die sich erst im Nachhinein für uns selbst als solche herausstellen.

Allen gemeinsam ist, dass wir sie nicht begehen woll(t)en. Das bedeutet, dass wir im Vorfeld wohl nicht wussten, dass es sich um einen möglichen Fehler handeln könnte. Deswegen werden wir ihn aller Wahrscheinlichkeit mit einem guten Gewissen begangen haben. Zumindest hofften wir, dass alles gut gehen wird.

Denn manchmal stellen wir bei Fehlern fest, dass wir vorher irgendwie ein komisches, ungutes Gefühl bei der Sache hatten. In solchen Fällen meldet sich in aller Regel unser Unterbewusstsein bei uns, welches aufgrund von bestimmten Informationen mehr über das Bevorstehende zu wissen glaubt. Nun versucht es uns wieder einmal über das Ähnlichkeitsprinzip bereits gemachter, unangenehmer Erfahrungen zu warnen, und wenn auch bei weitem nicht immer, so liegt es doch zumindest in einigen Fällen damit richtig.

Doch die Unterschiede sind es, die die Betrachtung unserer Fehler interessant machen. Wenn wir uns beispielsweise die objektiven Fehler ansehen, so müssen wir uns wohl damit abfinden, dass wir sie grundsätzlich alle machen. Als Kinder wissen wir noch nicht allzu viel von ihnen. Denn dazu fehlen uns einfach die Erfahrungen. Wenn wir dann erwachsen werden, lernen wir immer mehr gesellschaftliche Werte und Normen kennen, an die wir uns zu halten haben. Das bedeutet aber nicht immer, dass wir das dann auch tun. Denn manche Menschen machen bewusst gerade diese Fehler. Ganz einfach, weil sie aus ihren eigenen Erfahrungen heraus gar keine sind. Es kann nämlich sein, dass es uns wichtiger ist, etwas für uns zu tun, als sich an diese von der Gesellschaft verlangten Dinge zu halten. Ich denke da an Menschen, die bewusst gegen geltende Gesetze verstoßen. Diese sind sich sicherlich irgendwann im Klaren darüber, wie die Gesellschaft über ihr Handeln urteilt. Sie machen es aber trotzdem. Zum einen, weil ihnen aus ihrer Sicht und ihren Erfahrungen gar nichts anderes übrig bleibt, da möglicherweise ihr Überleben davon abhängt. Zum anderen kann es aber auch sein, dass sie durch ihr Umfeld die Erfahrungen übernommen haben, dass dies das „normale Leben" ist und ihnen somit gar nicht richtig bewusst ist, was sie da machen.

Das passiert beispielsweise, wenn ein Kind von seinen Eltern zu „Erziehungszwecken" geschlagen wird und es dieses Verhalten als „normal" abspeichert. Aus heutiger Sicht würde jeder vernünftige Mensch zu dem Ergebnis kommen, dass dies keine Erziehung, sondern Kindesmisshandlung ist. Aber noch vor fünfzig Jahren war diese „Erziehungsmethode" in Deutschland völlig normal und akzeptiert. Wenn nun also das Kind durch sein soziales Umfeld nicht irgendwo anders mitbekommt, dass das Verhalten der eigenen Eltern ein „objektiver Fehler" ist, und es somit die Erfahrung sammeln kann, dass es auch anders geht, wie soll es dann etwas Anderes erlernen? Folglich wird es im Laufe seines Lebens das Verhalten der Eltern aufgrund seiner durch Imitation erlernten Erfahrungen übernehmen, und somit einen aus heutiger Sicht objektiven Fehler machen. Dieser Mensch ahnt diesen vielleicht, doch bewusst wird er ihm erst einmal nicht sein. Diese Art von Fehlern können also wie ein Staffelstab von Generation zu Generation weitergegeben werden, ohne, dass für dieses Verhalten ein größeres Unrechtsbewusstsein entwickelt wird. Wie auch? Dafür bräuchte man zunächst einmal *andere* Erfahrungen.

Somit werden in der Regel für die gerade beschriebenen Menschen diese objektiven Fehler auch gar keine sein. Aus ihrer Sicht handelt es sich nämlich um *subjektive* Fehler. Einfach, weil sie es selbst anders gelernt haben. Wer sagt ihnen denn, dass das erlernte Wissen der Anderen objektiver ist? Sie wollen niemanden schädigen, sie wollen nur für sich handeln. Aus ihrer eigenen Sicht handeln sie somit richtig, und nur das zählt für sie.

Womit wir bei der Natur der subjektiven Fehler angelangt wären. Sie sind für jeden Menschen das, was einige andere, jedoch nicht sie selbst als Fehler bezeichnen. Es gibt also zumindest zwei Meinungen über ein bestimmtes Verhalten. Für die einen ist es normal, für die anderen ein Fehler. Hierbei spielt somit die subjektive Prägung die entscheidende Rolle.

Da jeder Mensch seine eigenen Erfahrungen im Leben gesammelt hat und es infolge dessen eine Unmenge von subjektiven Wahrheiten gibt, gibt es in der Konsequenz auch unendlich viele Dinge, die für den einen Menschen ein Fehler sind, für andere jedoch nicht.

Letztlich bedeutet dies für unsere Beziehungen, dass wir nach Menschen Ausschau halten sollten, die sehr nah an unserer eigenen subjektiven Wahrheit sind. Denn je weiter weg sie sich davon befinden, desto mehr subjektive Fehler werden sie vielleicht aus der Sicht des Anderen machen. Das wiederum könnte bedeuten, dass beide Seiten zu viele Kompromisse eingehen müssten, damit die Beziehung eine Chance hat und man nicht unter ihr leidet. Vergessen Sie also bitte den Unsinn, dass Gegensätze sich anziehen. Dies trifft allenfalls dann zu, wenn Sie in Ihrer Kindheit die Erfahrung gesammelt haben, dass „streiten" zwischen Paaren völlig normal ist. Dann viel Spaß dabei. Ich bevorzuge dank meiner Mutter Harmonie.

Schauen wir uns als nächstes genauer die Fehler an, die wir selbst erst später als solche bezeichnen. Nämlich dann, wenn wir die Konsequenzen unseres Tuns erleben und damit nicht einverstanden sind. Es handelt sich also um Fehler, die erst im Nachhinein durch eine neue Erfahrung für uns zu subjektiven Fehlern werden.

Wenn Sie beispielsweise ihr Verhalten in manchen Situationen analysiert haben, werden Sie ab und an zu dem Ergebnis gelangt sein, dass Sie in einer Situation lieber anders gehandelt hätten. Das passierte bislang wahrscheinlich häufig bei Meinungsverschiedenheiten mit dem Partner, die dann sogar in einen Streit ausarteten. Sie fühlten sich im Recht, kämpften um Ihre Position und schmetterten dem Anderen Ihre Argumente entgegen. Sie handelten in diesem Augenblick vielleicht zu impulsiv und verletzend, denn Sie hatten ja zu diesem Zeitpunkt noch nichts über „stille Kompromisse" gehört. Die ein oder andere dieser Meinungsverschiedenheiten endete dann am Ende eventuell sogar mit einer Trennung. Doch nachdem etwas Zeit vergangen war, kam in Ihr

Denken eine neue Erfahrung. Sei es, dass Sie selbst mehr unter einer Trennung litten, als Sie vorher gedacht hätten, oder weil Sie der entstandene Streit sehr mitgenommen hatte. Aus diesem Gefühl heraus werden Sie versucht haben, in der Rückschau auf Ihr eigenes, vergangenes Verhalten diese neue Erfahrung in das damalige Denken zu projizieren. Das führte dann dazu, dass Sie sich selber verurteilten. Sie warfen sich vor, einen Fehler gemacht zu haben.

Dieses Phänomen kennen wir bereits, da es uns häufig auch bei den On-Off-Beziehungen begegnet und letztlich den Motor darstellt, der uns dazu bringt, Teile unseres Verhaltens abändern zu wollen. Derartige Fehler sind somit sehr mächtig, denn sie können uns wieder in eine Beziehung bringen, die wir eigentlich gar nicht mehr wollen. Oder sie führen sogar dazu, dass wir unser Verhalten selbst verurteilen. Schauen wir sie uns deshalb noch einmal genauer an: Damals war Ihr Standpunkt für Sie kein Fehler und absolut richtig. Jetzt ist er plötzlich für Sie ein Fehler, weil Sie die Konsequenzen erfahren haben. Oder noch schlimmer, sie bereuen nur die Art und Weise, wie sie ihre Position vertreten haben, was nun jedoch auch dazu führt, dass Sie Ihre in dem Streit vertretene Meinung gänzlich in Frage stellen.

Es tut mir leid, Ihnen das so sagen zu müssen, aber dieses Verhalten ist *falsch*. Nicht das Reflektieren des eigenen, vielleicht verletzenden Verhaltens, damit man es in der Zukunft besser machen kann. Sondern, sich für seine damals geäußerten Ansichten im Nachhinein schlecht zu fühlen. Denn das tun Sie nur aufgrund Ihrer neuen, als negativ eingestuften Erfahrung, die Sie erst durch das, was geschehen ist, erlangt haben. Ohne diese würden Sie Ihr Verhalten wahrscheinlich nicht bereuen. Als es also zu dem Konflikt mit Ihrem Partner, Ex-Partner oder mit Ihrem Arbeitgeber kam, war Ihr Standpunkt für Sie *kein Fehler*, und so lange wir nicht rückwärts durch die Zeit reisen können, ist das der maßgebliche Zeitpunkt für die Bewertung des Konfliktes.

Sie sollten sich also nicht nachträglich für Ihr Handeln verurteilen, sondern es das nächste Mal einfach anders machen, wenn Ihnen die Konsequenzen im Nachhinein nicht geschmeckt haben. Denn wir lernen in solchen Situationen für die Zukunft. Unser Verhalten im Nachhinein selbst zu bedauern führt zum Gegenteil. Nämlich, dass wir an einem Ankerpunkt in der Vergangenheit festhängen, den wir gerne rückgängig machen möchten. Zudem sollten Sie auf gar keinen Fall in der Sache selbst zurückrudern, wenn Sie nicht absolut sicher sind, dass Sie diese Position in zukünftigen Konflikten nicht mehr vertreten werden. Denn ansonsten laufen Sie Gefahr, sich gegenüber dem Partner unglaubwürdig zu machen. Zumindest dann, wenn das eigentliche Problem damit für Sie nicht gelöst ist und es an andere Stelle wieder zum Vorschein kommt. Denn was soll der Andere denn von Ihnen halten, wenn Sie sagen, dass es das eine Mal nicht so, und an anderer Stelle doch wieder so gemeint war?

Ich selbst habe mich mit diversen Partnerinnen oft gestritten und ich wusste während des Streits, dass ich aus meiner Sicht absolut im Recht war. In der Folge fing ich aber immer mehr an, sie zu vermissen und meinen Standpunkt zu hinterfragen. Bis ich letztlich dachte, dass ich einen Fehler begangen und die Schuld an der derzeitigen Situation hätte. Meistens ging ich dann reumütig zu meiner Partnerin zurück und versuchte auf dieser Basis die Wogen zu glätten, was zumindest bei den Frauen sehr gut funktioniert, die gerne hören, im Recht gewesen zu sein.

Allerdings wurde das eigentliche Problem dadurch nur immer weiter durch die Beziehung mitgeschleift. In der Folge wurden die Streitigkeiten heftiger und am Ende hat man das Leid nur um Monate oder Jahre verlängert. Einfach, weil man sein Handeln aus einem subjektiven Bedürfnis heraus selbst ständig hinterfragte und nicht zu dem stand, was man ändern wollte.

Wegen fehlender Harmonie, Gesprächen, Zärtlichkeit oder auch Sex gehen wir also häufig sehr ungünstige Kompromisse ein, die oftmals die eigene Position in der Beziehung sogar noch mehr schwächen. Nur, weil man sich einredet, einen Fehler gemacht zu haben, den man nun wieder gut machen müsse.

Selbstverständlich darf Ihnen Ihr *Verhalten* Leidtun, wenn Sie der Meinung sind, über das Ziel hinausgeschossen und damit den Anderen zu sehr getroffen oder sogar verletzt zu haben. Aber Sie sollten trotzdem immer zu sich stehen und dem Anderen damit die Möglichkeit geben, Ihren Standpunkt und Ihr Handeln als ein Teil von Ihnen zu sehen. Nur dann kann er lernen, entweder damit zu leben oder aber für sich selbst die richtigen Schlüsse daraus zu ziehen.

Es hilft hierbei sicherlich manchmal auch, in den Situationen, in denen sich ein Streit anbahnen könnte oder sie sich selbst verletzt fühlen, einen „stillen Kompromiss" für sich einzugehen. Damit verhindern Sie zumindest, den Anderen zu verletzen und können etwas später versuchen, ruhig und sachlich Ihre Ansichten zu erläutern. So gelingt es Ihnen vielleicht, genau die Emotionen aus dem Spiel zu lassen, die Sie im Nachhinein bereuen würden. Denn letztlich sind nur diese es, die uns ein schlechtes Gewissen machen und uns das Gefühl vermitteln, einen Fehler begangen zu haben. Nicht der Standpunkt, den wir vertreten haben. Wenn wir nun aber auch diesen im Zuge der bedingungslosen Kapitulation für einen Fehler halten, dann führt das in der Regel nur dazu, dass das eigentliche Problem weiter bestehen bleibt und an anderer Stelle erneut zum Vorschein kommen wird.

Um nun die Frage vom Anfang des Kapitels zu beantworten, nein, die Beziehung zu Ihrem Ex-Partner war kein großer Fehler. Keine Ihrer vorangegangenen Beziehungen war ein Fehler. Im Gegenteil, sie alle haben Sie zu dem Menschen gemacht, der Sie heute sind. Mir selbst kam es bei meinen Beziehungen irgendwann so vor, als ob ich die schmerzliche Erfahrung der letzten Beziehung immer in der nächsten nutzen konnte, um genau diesen „Fehler" nicht mehr zu begehen. Denn durch mein Scheitern wusste ich immer mehr, was ich eigentlich wollte. Das hielt an, bis ich genau die Beziehung führte, von der ich immer geträumt habe.

Wir betrachten zwar manche Dinge, die wir tun, im Nachhinein als Fehler. Doch es muss Ihnen immer bewusst sein, dass wir alles, was wir tun, zum Zeitpunkt der Handlung immer mit guten Absichten für uns selbst getan haben. Wir denken häufig, dass wir uns durch die Fehler genau das verwehren, was wir uns eigentlich erhofft hatten. Deshalb schauen viele Menschen oft zurück und bedauern ihr Handeln. Sie verurteilen sich oder den Anderen für das, was passiert ist. Doch mögliche Fehler der Vergangenheit sollten Sie nicht davon abhalten, auch in Zukunft in bestimmten Situationen etwas für sich zu tun. Vor allem dann, wenn Sie unter ihnen leiden.

Wir müssen auf unser Gefühl hören und handeln, wenn es uns nicht gut geht. Negative Konsequenzen sollten uns dabei von vornherein egal sein. Denn im Grunde genommen können wir nur gewinnen. Entweder bekommen wir direkt das, was wir uns gewünscht haben, oder aber wir erfahren etwas, was wir nicht gewollt haben und können aufgrund dieser Erfahrung unsere Herangehensweise beim nächsten Mal ändern. Somit werden wir auch mit jedem unserer Fehler die wir im Nachhinein bereuen mehr zu dem Menschen, der wir sein wollen.

Schuld

Subjektive Fehler, die nur aus unserer Sicht welche sind, führen auch dazu, dass wir anderen Menschen die Schuld für etwas geben. Ob Ex-Partner, der Aktuelle oder unser Chef. Wir sind immer schnell damit, einen Schuldigen für einen bestimmten Umstand zu finden. Meistens jemand anderen, manchmal auch uns selbst. Doch auch hier machen wir es uns oft recht einfach. Denn längst nicht jede Schuldzuweisung macht auch Sinn.

Schauen wir uns jedoch zunächst die Ereignisse an, bei dem man wirklich einem einzigen oder wenigen die Schuld geben könnte. Wenn beispielsweise jemand einen Unfall durch einen objektiven Fehler verursacht und Menschen dabei sterben, so werden ihn nicht nur andere Menschen die Schuld für das ganze Leid geben. Er selbst wird sich auch schuldig fühlen und sich wahrscheinlich sein Leben lang schwere Vorwürfe machen. Bei diesem Beispiel gibt es wie Sie sehen in der Regel keine zwei Meinungen, und somit wird so gesehen aus vielen identischen subjektiven Schuldzuweisungen eine tatsächliche, objektive Schuld.

Doch objektive Schuld hin oder her, wir vergessen in solchen Situationen oft, dass der „Schuldige" selbst ein solches Ereignis in der Regel niemals gewollt haben wird und dass er in dem Moment, indem er den Unfall verursachte, der Überzeugung war, keinen Fehler zu begehen. Zumindest laut seiner subjektiven Einschätzung keinen, der so weitreichende

Folgen haben könnte.

In meiner Heimatstadt Bonn kam es mal zu einem solchen schrecklichen Unfall. Ein Mann fuhr mit seinem Luxuswagen bei einer Autobahnausfahrt mit hohem Tempo über einen großen, mit Wiese bedeckten Innenbereich eines Verteilerkreises, direkt in eine Telefonzelle auf der anderen Seite, in der sich leider ein Mensch befand, der nach meinem Kenntnisstand sofort tot war. Jahre später habe ich durch Zufall den Fahrer des Fahrzeuges kennengelernt. Er lebte mittlerweile in einer kleinen Sozialbauwohnung und war nicht zuletzt aufgrund seiner psychischen Verfassung arbeitsunfähig. Vielleicht denken Sie jetzt gerade, dass es das Mindeste sei, dass er aufgrund seiner „Schuld" verdient hätte. Dann sollten Sie jedoch noch wissen, dass dieser Mann am Tage des Unfalls einen Zuckerschock hatte und er nicht bei Bewusstsein war. Sein „objektiver Fehler" oder sein schuldhaftes Vergehen war also nicht grob fahrlässige Raserei, die zum Tode eines Menschen führte, sondern, dass er sich als Diabetiker nichts zu essen eingepackt hatte, um eine mögliche Unterzuckerung zu vermeiden.

Derartige Dinge sind furchtbar und das Leid, was hier entsteht, können sich nur wenige Menschen vorstellen. Doch wenn ich ehrlich bin, würde ich allen Beteiligten von einem solchen Unglück wünschen, dass sie vergessen könnten. Denn ein derartiges Ereignis kann auch das Leben der Hinterbliebenen und auch des Verursachers beenden, wenn auch nicht immer im wörtlichen Sinne. Ich bezweifle jedoch, dass es das Wert ist, denn das bringt nur noch mehr Leid mit sich.

Sicher, es ist wesentlich einfacher gesagt als getan, ein solches Ereignis als Erfahrung abzuspeichern und seinen Lebensweg einfach weiter zu gehen. Und wie wir tatsächlich in derartigen Situationen reagieren werden, werden wir hoffentlich niemals herausfinden müssen. Aber eines sollte uns auch bewusst sein, wir können kein Ereignis in unserem Leben wirklich rückgängig machen. Daher bleibt uns nur der Versuch, nach vorne zu schauen und weiterzugehen. Es bringt also niemanden etwas, sich selbst oder jemanden für einen Fehler zu verurteilen, der in der Vergangenheit liegt. Denn wir werden bestenfalls mit einer solchen Schuld leben lernen. Doch wir können es nicht ungeschehen machen. Keiner von uns.

Bei einer anderen Form von Schuld zählt, ähnlich wie bei den Fehlern, nur unsere subjektive Sichtweise als Beurteilungsinstrument. Wenn beispielsweise ein Spieler bei einem Fußballspiel ein Eigentor schießt und das Team dadurch verliert, ist dieser Spieler Schuld. Wenn in einer Beziehung jemand fremdgeht, ist er am Scheitern dieser Beziehung Schuld. Wenn jemand seine Arbeit verliert, weil der Chef ihn aus seiner Sicht ohne ersichtlichen Grund gekündigt hat, dann trägt der Chef die Schuld.

Oberflächlich gesehen könnte man in den meisten Fällen sogar recht damit haben, dass sich der jeweilige Sachverhalt objektiv so darstellt. Doch häufig gibt es für die negativen Ereignisse in unserem Leben, für die wir anderen Menschen die Schuld geben immer mindestens zwei Seiten der Medaille. Je nachdem, wie viele Parteien in das Ganze involviert sind. Demnach müsste es also immer so viele Schuldige geben, wie es gegensätzliche subjektive Wahrheiten gibt. Beispielsweise könnte auch der Stürmer, der in dem selben Spiel drei Großchancen nicht zum Torerfolg genutzt hat, schuld sein. Oder aber der Partner, der durch sein Verhalten den Anderen nicht die Liebe geben konnte, die dieser benötigte. Weswegen er sie sich dann irgendwann woanders gesucht hat. Ja, und manchmal liefert man selbst bei der Arbeit nicht das ab, was man leisten könnte und von einem erwartet wird. Es soll sie geben, die faulen Leute.

Wir können das Ganze auch abkürzen: In diesen Fällen trägt niemand wirklich die Schuld alleine. Denn da jeder nur so handelt, wie es ihm seine Erfahrungen und Prägungen gebieten, würde eine alleinige Schuldzuweisung in solchen Fällen bedeuten, dass wir diesem Einen vorwerfen, er selbst zu sein. Doch wer so etwas ernsthaft tut, der hat weder bisher dieses Buch, noch das Leben wirklich begriffen.

Schuldzuweisungen machen generell keinen Sinn. Vielleicht sind jetzt einige von dieser Aussage überrascht, da sie auch zu den Menschen gehören, die der Meinung sind, dass andere Menschen für ihr Leid oder ihr „schlechtes Leben" die Verantwortung tragen. Diesen Menschen rate ich, sich einmal selbst zu fragen, wie hoch die Wahrscheinlichkeit dafür ist, dass sie recht haben. Immer die Anderen? Niemals oder nur selten Sie selbst? Glauben Sie vielleicht sogar, dass Sie bei „Mensch ärgere Dich nicht" verlieren, weil der Würfel Schuld ist? Offen gesprochen, andere für das eigene, vermutlich nicht so schöne Leben verantwortlich zu machen ist in etwa so, wie auf einem kaputten Sofa zu sitzen und darauf zu warten, dass derjenige, der es aus Ihrer Sicht in diesen Zustand versetzt hat, vorbeikommt, um Ihnen ein neues zu bringen. Das wird normalerweise nicht passieren. Denn er weiß gar nicht, dass er aus Ihrer Sicht Schuld hat. Wenn Sie also ein Neues wollen, müssen Sie schon selbst was tun, anstatt zu jammern, auf irgendwas zu warten und so lange nichts zu tun.

Leider denken in unserer Gesellschaft mehr Menschen so, als der ein oder andere es vielleicht glauben mag. Das Traurige dabei ist, dass sie sich selbst der Chance berauben, durch Reflektion des eigenen Verhaltens neue Erfahrungen über sich selbst zu erlangen. Dies wäre jedoch notwendig, um sich in ihrem auf Erfahrungen und Prägungen basierten Denken weiterzuentwickeln. Diese Leute stehen sich somit selbst im Weg, herauszufinden, was sie wirklich im Leben wollen. Einfach, weil sie immer nur das Verhalten der Anderen aus ihrer Sicht analysieren und niemals wirklich ihr eigenes. Sie denken immer, dass sie recht haben. Daher erreichen solche Menschen in ihrem Leben auch nur sehr selten etwas, weil sie immer mit ihren Schuldzuweisungen und ihren wenigen Erfahrungen in der Vergangenheit festhängen und darauf warten, dass der potentielle Verursacher kommt und alles in die richtigen Bahnen lenkt. Doch er wird nicht kommen, und in der Vergangenheit finden sie nicht den Weg, der sie in eine bessere Zukunft führt. Dort findet man nur ganz viele Dinge, die einen daran hindern, vorwärts zu gehen.

Das Festhalten an der Vergangenheit

Stellen Sie sich Ihr Leben einmal für einen kurzen Moment wie einen Heißluftballon vor. Sie wollen losfliegen, Sie wollen Ihre Freiheit genießen, doch Sie können es nicht. Weil Sie in Ihrer Vergangenheit verschiedene Anker am Boden gesetzt haben, die Sie an Ihrem Flug hindern. Zudem machen Sie verschiedene Gewichte einfach zu schwer, um Höhe zu gewinnen. Sie denken, dass Sie erst dann losfliegen können, wenn Sie sich die Stellen, wo die Anker von Ihnen in den Boden gerammt worden sind, genauer ansehen, damit Sie sich darüber klarwerden können, warum dort ein Anker ist und warum gerade dieser Sie am Vorankommen hindert. Aber was genau würde Ihnen das bringen? Der Anker bekommt einen Namen. Sie wissen vielleicht, warum der Anker genau an dieser Stelle ist. Aber fliegen können Sie immer noch nicht.

Jeder von uns hat sie, die Erfahrungen, die Anker in unserem Leben, auf die wir gerne verzichtet hätten. Die, bei denen es uns besonders schwerfällt, den Menschen, die dafür verantwortlich sind, zu verzeihen. Diese haben uns so tiefe Wunden zugefügt, dass es unsere Vorstellungskraft übersteigt, auch nur im Ansatz den Gedanken zuzulassen, dass auch sie aus ihrer Sicht nicht böse gehandelt haben, sondern aufgrund ihrer persönlichen Wahrheit so handeln mussten.

Je nachdem, wie schwer uns diese Erfahrung auf der Seele liegt, beeinflusst es unser gegenwärtiges und somit auch unser zukünftiges Leben. Manche dieser Erfahrungen sind so schlimm, dass ich sie mir gar nicht vorstellen kann. Oft versucht unsere Psyche dann, diese Erfahrungen in irgendeiner Form auszublenden. Aber ihr Arm ist lang und selbst, wenn wir versuchen, sie zu verdrängen, so prägen sie unser Verhalten dennoch.

Mir fallen da beispielsweise die Menschen ein, die aufgrund eines traumatischen Ereignisses in der Vergangenheit Probleme damit haben, eine Beziehung einzugehen. Denn das andere Geschlecht stellt für sie einen Schlüsselreiz für dieses Trauma dar. Obwohl sie noch nicht einmal in der Lage sind, sich genau an das ursprüngliche Ereignis zu erinnern, beeinflusst es ihr Leben somit sehr. Auch ein paar Freunde von mir haben wirklich ein paar sehr schlimme Dinge in ihrem Leben erfahren müssen.

Interessanterweise kann man diese jedoch in zwei Lager aufteilen. Die einen sind der Überzeugung, dass ein oder mehrere bestimmte Menschen in ihrer Vergangenheit ihr Leben zerstört haben. Diese Überzeugung tragen sie seit Jahrzehnten mit sich herum. Immer, wenn etwas schiefging in ihrem Leben, wurde dieses Ereignis als Begründung hervorgeholt. Sie zermartern sich bis heute den Kopf mit der Frage, warum ihnen dies wiederfahren ist. Warum ausgerechnet sie es sein mussten. Letztlich sind diese an dem Punkt des entsprechenden Ereignisses in ihrer Vergangenheit stehen geblieben und an dieser Stelle einfach nur gealtert.

Die anderen reden recht offen über das, was ihnen passiert ist. Oder auch darüber, was sie selbst getan haben. Zumindest tun sie das mit den Menschen, denen sie vertrauen. Sie haben sich früh damit auseinandergesetzt und sind recht schnell zu dem Ergebnis gelangt, dass sie wahrscheinlich niemals herausfinden werden, warum ihnen jemand solches Leid zugefügt hat, oder warum sie selbst in einer bestimmten Situation so gehandelt haben. Manchmal wussten sie es auch und akzeptierten es einfach.

Diese standen auch irgendwann einmal vor der Wahl, entweder weiter das „Warum" zu ergründen, oder aber es als Teil ihres Lebens zu akzeptieren. Einige von ihnen konnten sich selbst oder ihren Peinigern sogar irgendwann vergeben, was letztlich dazu geführt hat, dass sie es als „normale" Erfahrung abspeichern konnten.

Für viele Menschen in solchen Situationen ist so etwas wie Vergebung jedoch unvorstellbar. Doch was bedeutet Vergeben denn eigentlich? Oder besser, was bedeutet es nicht? Die Meisten beziehen Vergebung immer auf die jeweiligen Menschen, die für sie die Schuld an dem tragen, was war. Doch das ist nicht ganz richtig. Tatsächlich ist die Abgrenzung zu dem Begriff „Verzeihen" recht schwammig. Bei letzterem steht nämlich die Person, die etwas getan hat mehr im Vordergrund, als das, was er gemacht hat. Vergebung hingegen bezieht sich etwas mehr auf das, was passiert ist. Somit bedeutet vergeben nicht etwa, einer bestimmten Person subjektiv etwas zu verzeihen. Denn Vergebung verlangt nicht, jemanden zu lieben, den man bislang gehasst hat. Es geht auch nicht darum, die Taten eines Menschen zu vergessen, unter denen man gelitten hat. Vergeben bedeutet einfach nur, sich von dem zu trennen, was einen in der Vergangenheit festhält und einen daran hindert, nach vorn zu gehen. Es geht darum, etwas als abgeschlossene Erfahrung abzuspeichern und diesem Ereignis aus der eigenen Vergangenheit somit die Macht zu nehmen. Vergebung bedeutet somit, etwas als das anzusehen, was es war. Ein Teil seines eigenen Lebens. Man akzeptiert also ein Ereignis aus seinem Leben, weswegen es einen fortan nicht mehr belasten kann.

Im Umkehrschluss bedeutet „nicht vergeben", an diesen Dingen möglicherweise ein Leben lang festzuhalten und immer wieder an diese Dinge zu denken. Doch das sind keine schönen Gedanken. Zudem fesseln sie uns in unserer Vergangenheit. Sie sind die Anker, die uns daran hindern, loszufliegen.

Viele Ursachen der uns bekannten psychischen Probleme liegen genau darin. Man hängt in der Vergangenheit fest, weil man nicht vergeben kann. Es wird zurückgeguckt, ständig, und jedes Mal, wenn man auf seinem Lebensweg stolpert oder fällt, macht man seine Vergangenheit dafür verantwortlich. Man denkt nach, warum die Dinge so gelaufen sind und wünscht sich manchmal sogar eine Zeitmaschine, um die Dinge rückgängig oder anders zu machen. Oft vermutet man auch nur, dass es irgendetwas gegeben haben muss. Dann wühlt man in seiner Vergangenheit, weil man gar nicht genau weiß, was es gewesen sein soll. Man nimmt nur an, dass es irgendeinen Grund geben muss, der dafür verantwortlich ist, dass man andauernd auf seinem Lebensweg stolpert.

Doch letztlich fällt man in der Gegenwart nur, weil man nicht nach vorne sieht und somit die Steine oder Stolperfallen, die einem im Weg stehen, einfach nicht rechtzeitig bemerkt. Wenn wir spazieren gehen, gehen wir ja auch nicht rückwärts. Wir fahren auch nicht im Rückwärtsgang irgendwo hin, weil wir wissen, dass wir dann mögliche Probleme „vor" uns nicht richtig erkennen würden.

Wenn Sie über die Menschen in ihrem Umfeld genauer nachdenken, wird Ihnen bestimmt auffallen, dass es auch dort den einen oder anderen gibt, der wie geschildert ständig seine Vergangenheit dafür verantwortlich macht, dass Dinge in seinem Leben schieflaufen. Vielleicht kennen Sie sogar jemanden, der an seinen Problemen, die er aus seiner Vergangenheit mitschleppt, zu zerbrechen droht.

Bei einigen depressiven Menschen ist das Zurückschauen beispielsweise der Grund für ihre Erkrankung. Sei es ein traumatisches Ereignis, was sie ständig beschäftigt, oder jemand aus ihrer Vergangenheit, der gestorben ist. Was auch immer es ist, aus einer Traurigkeit oder aus einer tiefen Verzweiflung heraus kommen diese Menschen nicht zur Ruhe. Es fehlt ihnen an Antrieb, in ihrem Leben weiter zu gehen. Manchmal fehlt es ihnen sogar am Antrieb, weiter leben zu wollen. Sie grübeln ständig darüber, wieso ihnen das wiederfahren musste, weshalb sie ihr Problem nicht lösen können. Es ist ständig präsent. Darum können sie keinen Ausweg aus dem finden, was sie so sehr unter Druck setzt.

Letztlich meinen einige, den Ausweg im eigenen Tod finden zu können. Bei diesen Menschen, die an einer sehr schweren Depression leiden, geschieht jedoch manchmal etwas sehr Beachtliches: Sobald sie den Entschluss gefasst haben, ihrem Leben ein Ende zu setzen, fühlen sie sich befreit. Nicht selten hört man von Menschen, die sich umgebracht haben, dass sie früher zwar sehr traurig und depressiv waren, dass es ihnen aber in letzter Zeit wieder gut zu gehen schien. Sie waren glücklich, lachten viel und schienen ihre Depression hinter sich gelassen zu haben. Aus diesem Grund sind Angehörige und Freunde umso schockierter, wenn diese

Menschen dann plötzlich und aus Sicht der jüngsten Vergangenheit völlig unerwartet Selbstmord begehen.

Für die meisten gesunden Menschen ist so etwas nur sehr schwer nachvollziehbar. Sie haben Schwierigkeiten damit, auch nur ansatzweise zu verstehen, welche Denkprozesse einen depressiven Menschen zu so einer Tat bringen können.

Doch konzentrieren wir uns wieder auf den Zeitraum vor dem Suizid, in dem die Betroffenen richtiggehend befreit von ihrer Last sind. Um in etwa verstehen zu können, was dort passiert, müssen wir uns lediglich eine für die Meisten bekannte Situation ansehen.

Für viele von uns ist Arbeit eher ein notwendiges Übel als die Erfüllung der Selbstverwirklichung. Man schleppt sich eher dorthin, als dass man geht. Wenn man dann nicht gerade so viel zu tun hat, dass man die Zeit vergisst, guckt man sehr häufig auf die Uhr. In der Hoffnung, dass die Zeit schneller verrinnt und man alsbald Feierabend hat. Dann freut man sich auf zu Hause, überlegt sich, was man alles tun möchte und landet auf der Couch. Man guckt Fernsehen und wundert sich, warum die Zeit zu Hause so viel schneller vergeht als auf der Arbeit. Das, was man sich vorgenommen hat, hat man dann auch nicht ganz (oder gar nicht) geschafft, und am nächsten Tag geht wieder alles von vorne los.

Es gibt aber eine Zeit, da ist das anders. Ich rede von den Tagen kurz vor dem Urlaub. Man hat nun ein Ziel. Man weiß, dass „Land in Sicht" ist, dass man kurz davorsteht, auszuschlafen und in den Tag hineinleben zu können. So, wie es einem beliebt. Ich sollte hier vielleicht einschränkend hinzufügen, dass dies nur gilt, wenn man keine kleinen Kinder hat. Aber man sollte die Hoffnung nicht aufgeben, auch die werden größer. Doch mit oder ohne Kinder, Erlösung naht. Schon ist man motiviert und gut gelaunt bei der Arbeit, lacht und die Zeit vergeht wie im Flug. Dann ist man plötzlich weg und lässt seine Arbeitskollegen in ihrer Tristesse zurück.

Es ist also nichts Unübliches, dass wir Menschen, wenn wir uns auf etwas freuen, den Alltag, das Leid oder auch unsere Probleme einfach vergessen. Denn in diesen Momenten zählt nur das, was kommt. Quasi als Mitgift wird zudem alles andere plötzlich viel leichter.

Depressiven Menschen, die sich vorgenommen haben, ihrem Leben ein Ende zu setzen, geht es in etwa genauso. Der permanente, im Verlauf der Erkrankung immer stärker gewordene Druck fällt von ihnen ab, und sie können wieder am Leben teilnehmen.

Die Frage ist nur, was in solchen Situationen tatsächlich passiert. Wir könnten nun tatsächlich am Beispiel der Suizidalität von schwerst-depressiven Menschen oder aber an dem kleinen Arbeitsbeispiel die Schlussfolgerung ziehen, dass dieses bevorstehende Ereignis das ist, was dazu führt, dass es uns besser geht. Es könnte aber auch etwas Anderes dahinterstehen. Denn wenn wir uns beide Situationen einmal abstrahiert und losgelöst von der jeweiligen dahinterstehenden Geschichte ansehen, dann bemerken wir, dass das Eigentliche, was sich geändert hat, unsere *Blickrichtung* ist. Wir schauen nicht mehr zurück, um uns die gegenwärtigen Leiden zu erklären. Sondern wir gucken auf das, was vor uns liegt und was wir selbst frei gestalten können.

Es ist also weder der geplante Tod, noch der geplante Urlaub, der es uns bessergehen lässt. Es ist die Erkenntnis der eigenen Zukunftsgestaltung. Wir machen dann endlich das, was wir meinen, was gut für uns ist, und darauf freuen wir uns.

Die Tragik, die hierin liegt, ist leider die, dass die meisten Menschen, die ihrem Leben ein Ende setzen wollen, diesen Umstand nicht erkennen. Denn im Grunde genommen haben sie sich, zumindest für einen kurzen Moment, selbst geheilt. Ihre Probleme belasten sie nicht mehr. Sie haben sie irgendwie akzeptiert, weil sie denken, dass sie bald sowieso keine Belastung mehr darstellen werden. Sie sind frei, bemerken dies jedoch nicht wirklich, weil sie irrtümlicherweise dieses Gefühl mit dem geplanten Tod und der dann erst eintretenden Befreiung in Verbindung bringen. Obwohl sie diese bereits jetzt fühlen. Ich möchte hier noch einmal das Beispiel des Heißluftballons heranziehen, der Anker wird also entweder gekappt oder eingepackt. Man ist frei und kann endlich losfliegen. Doch anstatt dahin zu fliegen, wo man das Leben genießen könnte, fliegt man in den Tod.

Vielleicht kann diese Erkenntnis einigen Menschen helfen. Doch leider ist es bei weitem nicht so einfach, eine schwere Depression zu überwinden. Denn ich befürchte, dass die meisten betroffenen Menschen diesen Umstand als solchen nicht sofort verinnerlichen können und somit alsbald wieder mit ihren Problemen in der Vergangenheit festhängen würden. Doch bei den Menschen, bei denen der Leidensdruck zumindest noch nicht so groß ist, dass es für sie eine Option ist, die ganzen Probleme durch das Beenden des eigenen Lebens zu lösen, könnte das Begreifen dieses Umstandes hilfreich sein.

Zurückschauen ist manchmal absolut notwendig, um sich seine Probleme, deren Ursprung irgendwo in der Vergangenheit liegen, genauer anzusehen. Doch wir sollten nicht an der Vergangenheit festhalten. Wir sollten dem Schmerz unserer

Erfahrungen nicht die Macht verleihen, unser gegenwärtiges und zukünftiges Leben zu bestimmen. Mit körperlichen Schmerzen haben wir doch auch „gelernt" umzugehen. Ich glaube sogar, dass sich diese Eigenschaft von Anfang an in uns befindet.

Das ist auch gut so, denn, wenn man sich das Beispiel des größten, anzunehmenden physischen Schmerzes durch die natürliche Geburt ansieht, dann ist der Weg zu einem psychischen Trauma nicht mehr sehr weit. Dennoch ist die Menschheit noch nicht ausgestorben. Das wäre jedoch sicher der Fall, wenn Frauen sich aufgrund dieser Erfahrung weigern würden, weiterhin Kinder zu gebären.

Manche behaupten, dass man körperliche Schmerzen mit psychischen nicht vergleichen könne. Doch warum sollte das nicht so sein? Wir erinnern uns genauso an körperliche Schmerzen wie an psychische. Selbst, wenn unser Unterbewusstsein etwas verdrängt hat, so ahnen wir doch zumindest, wo und wann in etwa der Ursprung dieses Ereignisses war. Wir gestehen es uns manchmal nur nicht ein. Was also die abgespeicherten Erinnerungen an sich betrifft, gibt es schon mal keinen größeren Unterschied. Das Problem scheint eher darin zu liegen, dass wir Menschen zwar im Grunde genommen nur eine körperliche Form besitzen, es aber durch unsere unterschiedlichen Erfahrungen eine Menge, unterschiedliche Psychen gibt. Annähernd acht Milliarden um genau zu sein. Es fällt uns daher zwar nicht schwer zu erkennen, ob jemand einen Schnupfen hat oder einen gebrochenen Arm hat. Denn das können wir aufgrund des annähernd gleichen Körperbaus problemlos nachvollziehen. Doch bei der Vielzahl unserer unterschiedlichen Denkweisen gelingt uns das nicht.

Wir verstehen andere nicht und fühlen uns auch selbst oft unverstanden. Das führt dann dazu, dass für uns selbst „unsere Probleme" etwas Einzigartiges sind. Etwas, von dem wir glauben, dass es kein anderer Mensch verstehen kann. Daher sind sie auch nicht so einfach zu lösen, und der Schmerz, der daraus entsteht, muss folglich ein ganz besonderer sein. Daraus ziehen wir dann den Schluss, dass unsere psychischen Probleme anders sein müssen, als unsere Körperlichen. Denn aufgrund unserer bisherigen Erfahrungen bilden wir uns ein, dass *nur wir* damit zu kämpfen haben. Wir verleihen ihnen also einen besonderen Status, der letztlich dazu führt, dass wir diese Dinge nicht einfach so abtun können, wie wir es mit unseren körperlichen Schmerzen der Vergangenheit auch machen. Wir halten sie uns immer wieder vor Augen, und machen sie somit überhaupt erst zum Problem. Dass es auch anders gehen kann, haben zumindest die Menschen erfahren, die ihre Probleme in Selbsthilfegruppen angehen. Hier machen sie die Erfahrung, dass es auch Andere gibt, die nachvollziehen können, was sie durchmachen. Alleine dieser Umstand sorgt dann schon dafür, dass das Akzeptieren des eigenen, psychischen Leidensdrucks leichter wird.

Unsere Vergangenheit gehört zu uns. Alles, die guten wie die schlechten Dinge machten uns zu dem Menschen, der wir heute sind. Auch ihre negativen Erfahrungen in vorangegangenen Beziehungen gehören dazu. Wenn wir ein Leben lang darüber grübeln, warum diese oder jene Beziehung in unserer Vergangenheit gescheitert ist, dann werden wir keine bessere führen können. Denn in unseren neuen Beziehungen wird so die schlechte immer mit allen ihren in uns hinterlassenen Narben anwesend sein. Vergleiche bringen nichts.

Jede Beziehung ist etwas Neues. Nutzen Sie Ihre Erfahrungen lieber dazu, das zu finden, was Sie sich wünschen. Lernen Sie daraus, aber messen Sie nicht alles Zukünftige an ihnen. Kappen Sie also das Seil dieses Ankers oder werfen Sie das Gewicht einfach über Bord. Akzeptieren sie es als das, was es ist. Eine Erfahrung, die sie nicht mehr ändern können. Vergeben ist also gar nicht so schwer.

Selbstwertverlust – Wir halten uns selbst für schlecht

Wenn es darum geht, unser gegenwärtiges Leben zu gestalten, glänzen wir jedoch nicht nur mit dem ständigen Blick nach hinten. Denn auch unbewusst greifen bestimmte Erfahrungen aus unserer Vergangenheit immer wieder in unsere aktuellen Entscheidungen ein. Das erkennt man daran, dass es immer mehr Menschen schwerfällt, sich selbst als denjenigen zu akzeptieren, der man ist. Wir halten uns deswegen häufig selbst für schlecht, oder denken, dass wir so, wie wir sind, einfach nicht genügen. Wenn wir dann mit jemanden über dieses Problem sprechen, so bekommen wir oft zu hören, dass wir keinen oder nur sehr wenig Selbstwert haben.

Als ich dies zum ersten Mal in meinem Leben zu hören bekam, habe ich mich gewundert. Man sagte mir, ich würde ständig in gebückter Haltung durch die Gegend laufen, den Kopf immer schön Richtung Boden gesenkt. Das war mir in der Tat vorher nie aufgefallen. Zudem fand ich so viel Kleingeld auf der Straße. Aber die Leute hatten recht, es war so. Nur, was sollte das Ganze mit „Selbstwert" zu tun haben. Denn ich wusste, wer ich war und was ich konnte. Ich war damals eigentlich nur traurig darüber, dass niemand anderes das zu erkennen schien. Dass man das jedoch alleine an meiner Haltung erkennen konnte, hatte mich überrascht.

Ich versuchte, ob mir selbst derartiges auch bei anderen Menschen auffallen würde. Es war tatsächlich so. Viele wirkten im wahrsten Sinne des Wortes geknickt. Doch warum war das so? Was war passiert, dass wir damit begonnen haben, nicht mehr an uns und an das, was wir können, zu glauben?

Wenn es um uns geht, dann kennen wir uns selbst am besten, weswegen wir eigentlich genau wissen müssten, was wir können. Doch daneben wissen wir eben auch zu genau, wo unsere Fehler liegen. Oder das, was Andere bei uns als solche bezeichnen. Deswegen neigen wir dazu, unser Handeln im Nachhinein eher kritisch anstatt positiv zu bewerten. Letzten Endes führen wir dabei nur die Rolle unserer Eltern fort. Denn in vielen Familien haben diese irgendwann in der frühen Kindheit damit begonnen, uns für unsere Fehler zu kritisieren und alles Erdenkliche dafür zu tun, unser Leben in die „richtigen Bahnen" zu lenken. In die Bahnen also, in denen sie entweder selbst gerne gewesen wären, es aber nicht sind, weil ihre eigenen Eltern in eine andere Richtung wollten. Oder aber genau dort, wo ihre Eltern sie selbst auch schon hingeführt haben, weil sie glaubten, dass dies das Beste sei. Das führte dann häufig zu so eigenartigen „Motivationsversuchen" mit Sätzen wie „das schaffst Du ja doch nicht" oder „Du kannst es nicht". Vielleicht sogar „da bist du scheinbar zu dumm für". Halt diese netten Floskeln, bei denen sich so manche Eltern in der Regel keine großen Gedanken über die möglichen Auswirkungen für ihre Kinder machen. Sie fesselten uns also in den besten Absichten mit den Lehren aus ihrer eigenen Vergangenheit, ihren subjektiven Erfahrungen und Prägungen. Damit es uns einmal besser geht als ihnen.

Doch dieses „verbale Gift" aus der Vergangenheit begann irgendwann zu wirken, und es hatte sehr große Auswirkungen auf unser Selbstwertgefühl.

Aufgrund dieser frühen Erfahrung und unseren dadurch erlangten, eigenen Prägung führen wir diese Art der Erziehung oftmals konsequent weiter fort. Wir messen uns selbst an den erlernten Maßstäben unserer Eltern und kritisieren uns dafür, dass wir diesen so oft in unserem Leben nicht gerecht wurden. Wir fesseln uns nun selbst, quasi stellvertretend für unsere Eltern. Dabei halten wir sogar an vielen von genau den Werten fest, gegen die wir uns oft innerlich gewehrt haben.

Wir lassen uns jedoch auch noch weiter von anderen Menschen fesseln. Denn da wir es ja von unseren Eltern gewohnt sind, nehmen wir uns nun auch die Maßregelungen unserer Partner, der Kollegen oder auch unseres Chefs mehr zu Herzen, als gut für uns wäre. Wir sehen diese Menschen manchmal sogar irgendwie als Vorbild an und versuchen, ihnen nachzueifern. Alles in der Hoffnung, auf diesem Weg so von dem Anderen so gesehen zu werden, wie wir uns selbst wahrnehmen. Wir streben nach Anerkennung für das, was wir sind und was wir leisten. Ebenfalls etwas, womit wir schon in unserer Kindheit bei unseren Eltern angefangen haben. Zumindest dann, wenn wir ständig das Gefühl vermittelt bekommen haben, sehr vieles falsch zu machen. Obwohl wir es damals selbst noch gar nicht besser wissen konnten.

Bei alledem bemerken wir jedoch nicht, dass wir gar nicht mehr wir selbst sind, sondern uns immer mehr dem Verhalten der Anderen anpassen. Wir agieren wie Spione im Dunkeln. Wir versuchen nicht aufzufallen, indem wir Dinge tun, von denen wir glauben, dass sie uns in den Augen der Anderen gut erscheinen lassen. Wir befürchten, dass unser eigenes Denken und unsere eigene Wahrheit wieder von Menschen enttarnt werden könnte, unter denen wir bereits schon so oft gelitten haben. Diese könnten uns sagen, dass wir falsch liegen mit dem, was wir denken. Wie unsere Eltern. Diese Menschen scheinen zudem in der Übermacht zu sein. Denn es gab und gibt so viele von ihnen in unserem Leben. Solche, die immer irgendwo irgendetwas an dem, was wir gemacht haben, auszusetzen hatten. Wir suchen somit nicht nur die, die uns verstehen, sondern errichten auch eine Festung, die uns davor schützen soll, wieder enttäuscht zu werden. Davor, wieder die Erfahrung zu machen, dass uns niemand versteht.

So ist es dazu gekommen, dass die Meinung unserer Nachbarn unser Leben in der Öffentlichkeit bestimmte. Wir sind ohne es zu merken Spiegel unseres Umfeldes geworden; und da recht viele Menschen so handeln, sind wir umgeben von Personen, die wie wir versuchen, in ihrem Streben nach Anerkennung zu funktionieren. Diese handeln auch so, wie sie denken, dass es von ihnen erwartet wird. Wir spiegeln uns somit alle gegenseitig und haben uns in diesem Konstrukt irgendwo verloren.

Dies bescherte uns eine Menge oberflächliche Freunde, die hinter unserem Rücken über uns schlecht reden, um sich dadurch selbst ein bisschen besser zu fühlen. Nur eines bekommen wir durch sie nicht: Die Anerkennung dafür, dass wir so, wie wir sind, gut sind. Dass uns das eigene Gefühl, was wir von uns haben, bestätigt wird.

Vielleicht verstehen Sie nun, warum es vielen von uns in der Regel so schwerfällt, sich selbst zu lieben. Denn wie kann man das bei all der erfahrenen Kritik, den Vorwürfen und dem Streben danach, wie andere zu sein? Wir erkennen uns mittlerweile fast selbst nicht mehr in unserem Tun. Deswegen erscheint es uns nach und nach immer lächerlicher, uns für einen guten Menschen zu halten. Wir wissen einfach nicht mehr genau, wer wir eigentlich sind.

Tief in uns gibt es keinen wichtigeren Menschen als uns selbst. Dessen sind wir uns auch irgendwie bewusst. Aber aufgrund der gesammelten Erfahrungen unseres Lebens sind wir mittlerweile selbst unsere größten Kritiker geworden, weil alle anderen uns ja auch immer irgendwie kritisiert haben.

Doch wir spüren diesen Widerspruch, der letztlich den Beginn unserer Selbstzweifel darstellt. Es läuft etwas nicht konform zwischen dem, was wir über uns fühlen und dem, was wir über uns durch andere erfahren haben und immer noch erfahren.

Je mehr wir uns an anderen Menschen ausrichten, desto mehr zweifeln wir an uns. Um uns in diesem ganzen Kuddelmuddel wiederzufinden, beginnen wir nun, eine Art Gegenmechanismus in unserem Leben zu installieren.

Wir fangen nun an, uns selbst beweisen zu wollen, um so unseren Kritikern und Maßreglern unseren Wert zu zeigen. Wir gieren danach, dass unser Umfeld uns sagt, wie gut wir sind. Weil wir uns erhoffen, darüber wieder den richtigen Weg zu uns selbst zu finden. Aber das funktioniert nicht so, wie wir uns das vorstellen. Denn obwohl wir uns in der Folge immer mehr bemühen, erfahren wir in der heutigen Gesellschaft so selten Anerkennung, dass wir sie, wenn wir sie denn mal bekommen, schon gar nicht mehr bemerken.

An dieser Stelle kann es passieren, dass viele Menschen in einen sogenannten „Burnout" rutschen. In eine Krankheit also, die eigentlich gar keine ist. Was zumindest die Berufs-genossenschaften sehr freut. Sie versuchen, wie ein Hamster in seinem Rad, immer mehr zu leisten, um sich selbst wieder-zufinden, um endlich „gesehen" zu werden. Doch die Zweifel wachsen weiter, die sie eigentlich beseitigen wollten. Denn die, von denen sie sich Erlösung erhoffen laufen, neben ihnen und sind zu beschäftigt, um sie zu erkennen.

Irgendwann könnte es nun passieren, dass sie einfach um-kippen, dass der Körper sagt „bis hierhin und nicht weiter". Mit ein wenig „Glück" rappelt man sich jedoch wieder auf und macht einfach da weiter, wo man aufgehört hat. Bis zum nächsten Kollaps. Vielleicht fangen diese Menschen nun aber auch an, noch mehr über sich selbst nachzudenken. Sie grü-beln über den Umstand, warum dies alles so ist. Sie akzeptie-ren vielleicht sogar, dass sie tatsächlich nichts Wert sind und dass das ganze Leben doch so überhaupt keinen Sinn zu ha-ben scheint. Weil sie aus welchen Gründen auch immer so geworden sind, wie sie sind. Doch das scheint nicht zu rei-chen, da sie kein Mensch zu verstehen scheint. Sie versuchen, die Ursache dafür zu ergründen, aber sie bekommen keine Lösung, weil sie diese einfach nicht finden, so sehr sie auch darüber nachdenken.

Neben alledem bemerken sie zudem irgendwann nicht mehr, was sie für ein Glück haben, die Menschen zu kennen mit denen sie tagtäglich ebenfalls zu tun haben. Diejenigen, die sie als den Menschen zu schätzen wissen, der sie sind. Doch diese sind in den Augen dieser Leute „die falschen Men-schen", denen sie nichts beweisen müssen. Somit erkennen sie deren Anerkennung noch nicht einmal. So verlieren sie nach und nach immer mehr an Selbstwert und rutschen schlimmstenfalls von einer immerwährenden Grundtraurigkeit über einem „Burnout" in eine tiefe Depression hinein.

Einige fangen jedoch auch damit an, ihren eigenen Wert dadurch zu definieren, in dem sie auf diejenigen mit dem Finger zeigen, die nach ihrer subjektiven Einschätzung offenbar noch weniger Wert sind als sie selbst. So haben sie damit begonnen, sich über die Schwäche der anderen selbst wiederfinden zu wollen, anstatt über ihre eigenen Stärken, die sie selbst schon gar nicht mehr kennen.

Dabei werden ausgerechnet diejenigen als Versager empfunden, die versuchen, an sich selbst festzuhalten, für ihre eigenen Überzeugungen gegen diesen Strom anzuschwimmen und somit im Grunde genommen Stärke zeigen. Damit liegen wir aber falsch. Diese Menschen haben oft ein sehr hohes Potential und stehen zu sich selbst. Doch aufgrund des Versagens der Gesellschaft sind diese Leute oft frustriert, ertränken ihren Frust in Alkohol und wirken faul. Als Außenseiter, die sie ja auch aus der Sicht der Gesellschaft sind.

Es gibt sicherlich noch eine Menge Menschen, die nicht in diese Falle getappt sind. Aber die, die es tun, werden immer mehr. Das verwundert auch nicht. Denn sehr viele von uns erteilen sich selbst jeden Tag die Aufgabe, sich an den Maßstäben unseres Umfeldes zu messen. Man will es den Kritikern zeigen, will zeigen, wie wertvoll man ist. Damit man von ihnen die Anerkennung bekommt, die man möchte. So verlernten diese Menschen langsam, etwas für sich selbst zu tun. Ihr Lebensinhalt besteht nur noch darin, für Andere so zu handeln, wie diese es wahrscheinlich möchten.

Diese Herangehensweise macht jedoch überhaupt keinen Sinn. Denn wenn wir Anerkennung für das haben möchten, was wir sind, dann bringt es uns nicht viel, so zu sein wie andere. Wir bekommen dann bestenfalls eine Reaktion darauf, wie wir nicht sind. Auch wir selbst finden uns in dem Ganzen sicher nicht wieder. Denn dafür müssten wir für uns handeln. Doch genau das tun wir nicht. Deswegen kann es gar nicht funktionieren, auf diesem Weg Anerkennung und Selbstwert zu finden. Wir jagen also ständig etwas hinterher, was gar nicht möglich ist.

Es ist ein sehr hinterhältiger Mechanismus. Jeder will aus diesem Hamsterrad heraus, doch erst aufgrund unserer Bemühungen dies zu schaffen halten wir es am laufen. Die Katze beißt sich also in den Schwanz. Oder anders formuliert, wenn wir alle damit aufhören würden, zu laufen, wenn wir aufhören würden, jeden Tag um die Anerkennung unseres Umfeldes, unserer Kollegen, unserer Familie und Freunde zu buhlen, aufhören würden darüber nachzudenken, was diese Menschen über uns denken, kämen wir unserem Ziel ein ganzes Stück näher. Wir würden die wichtigen Menschen in unserem Umfeld wieder zu schätzen wissen und hätten den Kopf frei, diesen unsere eigene Anerkennung entgegenzubringen. Genauso wie diese uns.

Was uns selbst betrifft, bin ich der Ansicht, dass wir unseren Selbstwert gar nicht verlieren können. Wie verlieren nur den Glauben daran. Denn wir fühlen weiterhin, dass wir etwas Besonderes sind. Doch dieses Gefühl unterdrücken wir. Weil wir in alledem verlernt haben, unserem eigenen Gefühl zu vertrauen.

Das Problem ist also weniger unser Selbstwert, sondern dass wir uns einbilden, dass uns die Anerkennung von anderen Menschen wichtig ist. Wir glauben, unseren Wert über unsere Beurteilung durch andere definieren zu müssen. Doch das funktioniert eben nicht. Denn „Andere" bedeutet eben auch andere Erfahrungen, andere Wahrheiten und somit nichts, was dazu imstande wäre, uns wirklich so einschätzen zu können, wie wir sind. Das können wir nur selbst.

Doch da wir das nicht begreifen, verbleiben wir in dieser Suche nach uns selbst und fühlen uns alleine.

Die angstbasierte Lüge vom Alleinsein

Je länger wir uns auf der Suche nach unserer eigenen Identität befinden, desto größer wird in uns auch das Gefühl, dass wir alleine sind. Verständlich, denn wir steigern uns immer mehr in den Gedanken hinein, dass uns niemand, nicht einmal mehr wir selbst, so sehen, wie wir sind. Wir fühlen uns zunehmend einsam, denn die Anzahl derer, die uns verstehen können, erscheint so verschwindend gering. Jede gescheiterte Beziehung verstärkt zudem dieses Gefühl der Einsamkeit.

Da wir jedoch unsere Suche nach den Menschen, die uns Anerkennung und Verständnis entgegenbringen könnten noch nicht aufgegeben haben, laufen wir weiter in unserem Hamsterrad. Immer mit der Hoffnung, endlich fündig zu werden. Vielleicht sogar den einen Partner zu finden, bei dem alles gut wird. Für den sich die ganzen Mühen und das Ganze Leid gelohnt haben. Der uns endlich das Gefühl gibt, verstanden zu werden.

Im Grunde ist es auch einfach, jemanden zu finden. Irgendjemanden. Denn die meisten Anderen fühlen sich aus denselben Gründen alleine, wie wir. Vielen fehlt etwas, das sie sich in einem anderen Menschen erhoffen. Zumindest denken sie das. Genauso, wie Sie es wahrscheinlich auch häufig tun. Doch diese „gemeinsame Basis" erscheint nicht gerade eine optimale Voraussetzung für eine Beziehung zu sein. Das kann man schon allein daran erkennen, dass die Mittel, mit denen wir versuchen, jemanden zu finden, der vielleicht

„der Eine" ist, und der uns das Gefühl gibt nicht alleine zu sein, im Hinblick auf unser eigentliches Ziel sehr fragwürdig sind.

Häufig sieht das folgendermaßen aus: Man geht irgendwo hin, nicht zwingend aus Paarungsgründen, vielmehr, weil man sich ein wenig Spaß in seinem möglicherweise tristen Leben erhofft. So sitzt man also in einem Club, in der Disko, bei einer Party eines Freundes, im Restaurant oder wo auch immer. Ohne, dass man es selbst merkt, lässt man seinen Blick schweifen. Ab und an sieht man einen Menschen, bei dem man sich überlegt, ob *er* es vielleicht sein könnte. Man bemerkt vielleicht sogar, dass auch dieser bereits einen ersten Blick auf einen geworfen hat. Aber das Gefühl sagt erst einmal „nein". Denn irgendetwas scheint nicht zu passen. Das ändert sich dann je nach Alkoholkonsum oder Verzweiflungsgrad. Irgendwann denkt man dann plötzlich, dass dieser Mann oder diese Frau ja vielleicht doch ganz nett ist, und man nimmt Kontakt auf. Man kommt ins Gespräch, und da die Sehnsucht nach Liebe und Zärtlichkeit immer größer wird, fasst man den Entschluss, es zu versuchen.

Hier begehen wir im Grunde genommen schon den ersten Fehler auf dem Weg zu unserer „perfekten Beziehung mit dem Menschen, der uns versteht". Denn wir geben hier nur dem Wunsch nach, unsere Bedürfnisse zu stillen, die durch das Alleine sein entstanden sind. Wir wollen nun etwas für uns und sind plötzlich auch bereit dazu, direkt Kompromisse einzugehen. Aber wollte man nicht ursprünglich einen Menschen finden, bei dem man sich nicht mehr alleine fühlt? Einen, der einen versteht und der zu einem passt?

Doch wie geht es dann in der Regel weiter? Man unterhält sich. Vielleicht erzählt man dem Anderen, dass man, genau wie dieser, ein großer Fußballfan sei. Oder man ebenfalls gerne ausgedehnte Spaziergänge macht. Vielleicht auch, dass man gerne auf Kunstausstellungen oder schwimmen geht, und ganz allgemein gerne Sport macht. Solche Dinge halt. Obwohl einem selbst bewusst ist, dass dies eigentlich gar nicht zutrifft. Wir hoffen eben nur, dass wir, wenn wir unseren gegenüber spiegeln, ihm zusagen und das bekommen, was wir uns erhoffen. Diese Vorgehensweise beherrschen wir ja bereits hervorragend.

Wir denken, dass wir unseren Plan gefährden würden, wenn wir etwas Anderes sagen würden. Den Plan, nicht mehr alleine sein zu müssen. Manchmal hat man dann Glück, und unser Vorhaben funktioniert. Vielleicht spürt man sogar Schmetterlinge im Bauch, und es entwickelt sich tatsächlich eine Beziehung. Man glaubt eventuell vielleicht auch eine Zeit lang, dass es dieses Mal der oder die Richtige ist. Dass man endlich am Ziel angekommen ist.

Doch realistisch ist das nicht. Oder glauben sie tatsächlich, dass *„die eine Beziehung"*, die wir scheinbar alle suchen, von Anfang an auf Lügen aufgebaut sein sollte? Nein, denn in der Regel führt so etwas mit zunehmender Zeit erneut zu dem Gefühl, von dem Anderen nicht verstanden zu werden. Abgesehen davon rauben uns solche Beziehungen auch von Anfang an viel Energie. Denn die ganzen Unwahrheiten wollen ja auch gepflegt werden. Wir zwingen uns somit selbst dazu, eine Fassade aufzubauen. Eine, die dem Partner verschleiert, wer man eigentlich wirklich ist. Aber falls sie sich erinnern, man hat ja jemanden ersehnt, der einen genau so liebt, wie man ist. Der einen versteht und das Gefühl gibt, nicht mehr alleine zu sein.

Sie merken, der gefasste Plan war fehlerhaft. Meistens führt ein solch auf Lügen basierender Beziehungsstart dazu, dass man seine Fassade irgendwann nicht mehr aufrechterhalten kann. Denn es kommt der Punkt, an dem man sich nicht mehr verstellen möchte und will. An dem man sich auch in der Beziehung wieder alleine fühlt. Das liegt jedoch auch daran, dass der Partner nie die Chance hatte, einen so kennen zu lernen, wie man wirklich ist. Deswegen konnte er einen auch nicht wirklich verstehen. Am Ende fallen dann Sätze wie „Du immer mit deinem blöden Fußball" oder „Kann ich nicht einfach mal zu Hause bleiben, müssen wir denn andauernd spazieren gehen?".

Ähnlich verhält es sich auch bei einer anderen Art von partnerschaftlichen Beziehungen. Denn auch diese stehen von Anfang an eher unter einem ungünstigen Stern. So sind mir einige bekannt, bei denen ehemals Alleinerziehende, bewusst oder unterbewusst, einen sicheren Hafen für sich und die eigenen Kinder gesucht haben. Einfach um irgendwie zu überleben und die Strapazen des Alltags nicht mehr alleine meistern zu müssen. Ich selbst gehörte auch zu diesen Menschen.

Hier spielen gleich mehrere Faktoren eine Rolle. Man fühlt sich alleine und sucht den Menschen, der einen versteht und der einem Halt geben kann. Oftmals jedoch zusätzlich getrieben von unterbewussten Existenz- und Versagensängsten. Man freut sich dann in einer solchen Situation einen Menschen getroffen zu haben, der einen mit dem „Makel" Kinder nehmen würde. Je nachdem, was man vorher alles ertragen musste. Arbeitslosigkeit, Hartz IV, nichts zu essen, Selbstvorwürfe, den Kindern nichts bieten zu können. In den meisten Fällen reicht alleine schon dieser Umstand, diese nette Geste des Anderen, einem aus dieser Situation herausholen zu wollen, aus, dass man sich in seinen „Retter" verliebt. Doch auch dahinter steckt oftmals nur wieder die Angst vor dem Alleinsein.

Nicht, dass sie mich falsch verstehen, ich sehe in solchen Beziehungen grundsätzlich nichts Verwerfliches. Denn wie eben beschrieben fühlen diese Menschen tatsächliche Liebe für den Partner. Zudem ist bei weitem nicht jede dieser Beziehungen zum Scheitern verurteilt. Aber die Grundvoraussetzungen, die Basis solcher Beziehungen ist ebenfalls nicht optimal. Man sieht hier den Umstand, Kinder zu haben als persönlichen Makel an. Einen, der einen dazu bringt, bereits vor der Beziehung Kompromisse einzugehen, die man sonst vielleicht nicht machen würde.

Es stellt sich somit auch hier die Frage was passieren wird, wenn man zwar einen vermeintlich sicheren Hafen für sich und seine Kinder gefunden hat, jedoch zunehmend immer mehr Kompromisse eingehen muss, um diese Sicherheit nicht zu gefährden. Irgendwann fühlt man sich vielleicht in der Beziehung selbst einsam. Man bleibt jedoch, weil man nicht glaubt, dass es noch irgendeinen anderen Menschen geben könnte, der einen mit seinem „Makel" nimmt. Man leidet also wieder und die Angst ist zurück.

Die hier beschriebenen Möglichkeiten sind nur zwei von einer Vielzahl von Varianten, die zur Auswahl eines „falschen Partners" führen können. Aber die Umstände, die zum Scheitern der Beziehung führen, sind fast immer dieselben. Alles nur, weil man sich zunehmend in seinem leben einsamer fühlte.

Doch schauen wir uns einmal dieses Gefühl der Einsamkeit etwas genauer an. Dieses entsteht aus unserer Erfahrung heraus, bislang von niemanden richtig verstanden worden zu sein. Weder von unseren Eltern, unseren Kollegen, noch nicht einmal von unseren Freunden. Vor allem nicht von unseren Partnern. Doch gerade auch die schmerzhaften Trennungen von diesen ließen in uns die Angst vor dem Alleinsein immer größer werden. Letztlich liegt in dieser Angst ein weiterer Grund dafür, warum wir unser Leben so häufig an unserem Umfeld ausrichten. Das wir uns Anerkennung wünschen und unterbewusst nach Verbündeten suchen. Nach Menschen, die uns das Gefühl geben, dass unsere Wahrheit, unser Denken richtig ist.

Doch dabei sind wir eben nicht *wir selbst*. Wir versuchen uns nur anzupassen. Wir verhalten uns in unserem Leben, wie bei einem Puzzle, dass wir nicht lösen können, und bei dem wir die Stücke nun mit der Schere durch andere zurechtschneiden lassen.

Aber genauso wenig, wie man auf diese Art und Weise ein Puzzle vernünftig vollenden kann, werden wir auch so unser Ziel nicht erreichen. Denn dieser Plan und unser streben nach Anerkennung ist falsch. Hinter alledem steckt „nur" die Angst vor dem Alleinsein. Doch diese Angst ist eine Lüge!

Wir belügen uns dabei selbst, und wie alle Lügen hat auch diese den Zweck, uns zu schützen. Davor, festzustellen, dass uns tatsächlich niemand versteht. Mit ihr behalten wir zumindest in uns die Hoffnung, dass wir den Menschen, der uns das Gegenteil beweisen könnte, doch irgendwann finden könnten. Wir beruhigen uns damit, dass es nur jetzt so ist, und dass derjenige, der wie wir denkt, irgendwann vor unserer Türe steht. Doch wir stellen andauernd fest, dass sich diese Hoffnung nicht erfüllt. So suchen wir entweder weiter, oder gehen zu viele Kompromisse in unseren Beziehungen ein. Weil wir damit beginnen zu glauben, dass es nichts Besseres für uns gibt, verstellen wir uns, bis wir nicht mehr können und uns wieder alleine fühlen.

In einem hat diese Lüge recht, oder besser gesagt, die unterbewusste Angst, die dieser Lüge ihre Macht verleiht. Es ist nicht wahrscheinlich, dass es irgendjemanden gibt, der uns voll und ganz verstehen *kann*. Denn dafür haben wir zu unterschiedliche Erfahrungen in unserem Leben gemacht. Trafen wir zu viele unterschiedliche Personen in unserem Leben, die uns prägten. Genau dadurch entwickelten wir unser individuelles Denken und unsere eigene Wahrheit, die *nur wir* verstehen können. Wir sehnen uns also offenbar nach unserem Klon, den es gar nicht geben kann. Doch wir suchen ihn. Verzweifelt. Suchen ihn überall. Aber es gibt ihn nicht! Wir bekommen überall in unserem Leben, mit jeder einzelnen Beziehung, die unumstößliche Tatsache präsentiert, dass wir andere Menschen nicht verstehen können. Daher ist die Suche nach einem Menschen, der das kann eine Sackgasse.

Einige von Ihnen werden jetzt vielleicht an Ihre besten Freunde denken, und behaupten, dass es dort doch auch funktioniert. Zumindest zum größten Teil. Aber verstehen Sie Ihre beste Freundin oder Ihren besten Freund tatsächlich immer? Es wird doch eher so sein, dass Sie die Dinge, die diese Menschen anders sehen, aufgrund Ihrer Beziehung zu Ihnen für nicht so wichtig erachten. Das liegt daran, dass das Prinzip einer solchen Freundschaft nicht auf Verstehen aufgebaut ist, auch, wenn es in der Regel die Gemeinsamkeiten sind, die die Basis einer solchen Beziehung bilden. Doch eine solide, gute Freundschaft wird vor allem durch die jeweilige Akzeptanz des Anderen getragen.

Ich habe ein paar Freunde, die ich wirklich als solche bezeichne. Wir kennen uns seit über 25 Jahren. Wir haben alle verschiedene Richtungen im Leben eingeschlagen, und wir sehen uns letztlich höchstens zwei, dreimal im Jahr. Teilweise sind wir grundverschieden, teilweise haben wir viele Gemeinsamkeiten. Aber wir können uns aufeinander verlassen. Weil wir uns einfach so akzeptieren, wie wir sind. In ihrer Gegenwart fühle ich mich wohl, weil ich dort der sein kann, der ich wirklich bin. Ich genieße es, einfach ich zu sein. Mit anderen Worten, ich brauche mir keine Sorgen darum machen, ob ich selbst den anderen genüge, oder ob mich meine Freunde immer verstehen. In diesen Beziehungen ist dieser Aspekt überhaupt nicht relevant. Ich brauche mich deswegen auch nicht zu verstellen. Genau so wenig, wie es die Anderen tun müssen.

Ich denke, dass Sie genau diese Erfahrung mit Ihren besten Freunden auch gemacht haben. Sie sehen also, es funktioniert. Langjährige Beziehungen, die nicht unbedingt auf „verstanden werden", sondern auf ein paar Gemeinsamkeiten und vor allem auf Akzeptanz beruhen. Gerade auch durch dieses Prinzip, welches hinter einer tatsächlichen Freundschaft steht, kann man die Lüge vom Alleinsein erkennen. Denn etwas ganz Entscheidendes wird uns durch dieses Prinzip deutlich gemacht. Freunde, also Menschen, auf die wir uns verlassen können, finden wir mit der Zeit. Wir suchen nicht danach. Man stellt einfach irgendwann fest, dass man ein paar gemeinsame Interessen hat und dass man sich so wie man ist gut versteht. Dabei verstellen wir uns nicht oder erzählen irgendwelche Geschichten, die uns für den Anderen interessanter machen sollen. Wir sind einfach wir selbst und irgendwann sind sie da.

Wir können somit weder aufgrund unserer verschiedenen Denkweisen Menschen finden, die uns voll und ganz verstehen, noch finden einen Partner, auf den wir uns immer verlassen können, indem wir uns anders verhalten, als wir eigentlich möchten. Wir sollten unser Leben also nicht an der potentiellen Meinung anderer über uns ausrichten. Im Gegenteil. Wenn wir so handeln, verringert es immens die Wahrscheinlichkeit, diejenigen zu finden, die uns tatsächlich genau so akzeptieren, wie wir sind.

Versuchen Sie sich klar zu machen, dass sich die Angst vor dem Alleinsein über große Teile Ihres Lebens immer weiter aufgebaut hat. Jede in Ihren Augen negative Erfahrung beeinflusste sowohl Ihr Denken als auch Ihre Ängste. Mit jeder Enttäuschung, mit jeder gescheiterten Beziehung wurden sie größer. Je häufiger wir verletzt wurden, desto ungeduldiger wurden wir. Je ungeduldiger wir wurden, desto mehr dachten wir, dass wir uns dem anderen von vornherein anpassen müssen, um überhaupt eine Chance zu haben. Wir fingen an zu denken, dass wir so, wie wir sind vielleicht gar nicht reichen. Wir begannen damit, uns selbst nicht mehr zu akzeptieren. Doch genau das führte uns die Falle.

Denn wenn wir uns selbst nicht so annehmen, wie wir sind, wie sollen wir das dann bei anderen tun? Nur wer sich selbst so akzeptiert, wie er ist, und nicht nach etwas sucht, was er nicht bekommen kann, kann auch seine Partner akzeptieren. Denn was immer wir auch im Leben tun, wir werden uns zu allererst um uns selbst kümmern. Ob wir es nun wollen oder nicht, für uns sind wir der wichtigste Mensch in unserem Leben. Doch wenn wir dieses tiefste Gefühl in uns anzweifeln, wo soll dann das Vertrauen gegenüber anderen herkommen? Wenn wir für uns selbst schon nicht reichen, wie soll es dann unser Partner tun?

Wir fühlen uns manchmal einsam und das ist völlig normal. Denn wer will schon gerne die etwas schwierigeren Aufgaben des Lebens ohne Rückhalt, oder ohne starke Schulter bewältigen? Letztlich machen auch viele Dinge zu zweit oder in der Gruppe viel mehr Spaß, als alleine. Doch wir sollten keine Angst vor dem Alleinsein haben. Denn diese Angst ist nicht nur unrealistisch bei annähernd acht Milliarden Menschen auf der Erde, sie ist auch noch unsinnig. Denn sie gründet sich auf der Erfahrung, dass wir bislang noch niemanden gefunden haben, der uns vollkommen versteht. Der begreift, wer wir sind. Doch davor brauchen wir gar keine Angst haben. Denn das ist ein unumstößliches Fakt: *Niemand* denkt so, wie wir selbst. *Niemand* kann nachvollziehen, warum wir so denken. *Kein anderer Mensch* wird uns jemals komplett in unseren Handlungen begreifen können. *Nur Sie* haben ihre eigenen Erfahrungen. Sie besitzen Ihre ganz eigene Wahrheit. Wieso sollten wir also Angst vor etwas haben, was bereits lange Bestand hat? Wir werden diese Tatsache auch nicht damit umgehen können, indem wir uns bei anderen Menschen anders darstellen, als wir sind. Denn dann finden wir nur die, die wir am Ende gar nicht finden wollten. Wenn wir uns also weiterhin von der Angst vor dem Alleinsein leiten lassen und auf diese Lüge hereinfallen, dann behindert sie uns nicht nur darin, dass zu bekommen, was wir uns wirklich wünschen.

Sondern sie führt uns sogar noch tiefer in die Einsamkeit und in die Frustration. Ob mit oder ohne Partner. Das kann dann Auswirkungen haben, die sie sich vielleicht noch gar nicht vorstellen können.

Die Frustration und der Verlust des Menschseins

Wir Menschen sind ständig auf der Suche nach denjenigen, die uns als das sehen, was wir sind. Wir investieren viel, um dies zu erreichen. Aber anstatt sie zu finden, treffen wir überall nur noch mehr Menschen, die dieselben Probleme haben wie wir. Doch das ist leider noch nicht das Ende.

Ich bin gelernter Altenpfleger und mittlerweile mehrere Jahre als Dozent im Pflegebereich tätig. Ich versuche seit je her ein realistisches Bild des Zustands der Pflege in Deutschland zu vermitteln. Also nicht das, was diverse Schreckensdokumentationen von ehemaligen Erfolgsautoren allenfalls am Rande streifen. Denn leider wird sich dort zu sehr auf den Ist-Zustand konzentriert, als auf die Gründe, die zu den Problemen geführt haben und noch führen. Ich versuche in meinem Unterricht die Menschen auch darauf vorzubereiten, was sie erwartet. Damit sie sich auf das einstellen können, was kommt.

Dies führt bei den Teilnehmern in meinen Kursen oft zu nachdenklichen Gesichtern. Eine der häufigsten Fragen, die mir gestellt werden ist, warum so viele Leute in der Pflege mit anderen Menschen so umgehen, wie sie es tun. Warum sie teilweise Pflegebedürftigen Gewalt antun. Diese Frage beinhaltet mehr Potential, als Ihnen vielleicht gerade bewusst ist. Denn wir reden über Menschen, die zumindest zum Großteil irgendwann einmal den Entschluss gefasst haben, anderen zu helfen. Das tut und kann beileibe nicht jeder. Doch selbst diese altruistisch veranlagten Menschen sind unmerklich zum Gegenteil von dem geworden, was sie eigentlich sein wollten. Wir bekommen also nicht nur nicht die Anerkennung, die wir so gerne hätten, sondern wir stumpfen immer mehr ab und verlieren uns scheinbar irgendwann selbst.

Was passiert also mit so vielen guten Menschen, die irgendwann einmal motiviert ihre Arbeitsstelle angetreten haben? Ganz einfach: Schleichende Frustration, die mit zunehmender Zeit immer größer wird, und die dazu führt, dass wir ständig nur noch unsere Probleme im Kopf haben. Doch wenn der Kopf voller Probleme ist, dann hat er keine Kapazitäten mehr, normal zu denken.

Wenn man den Beruf einer Pflegekraft ergreift, dann entscheidet man sich nicht dafür wegen des Geldes. Gut, einige Teilnehmer haben mir einmal gesagt, dass sie den Beruf wegen des hohen Verdienstes gewählt hätten. Doch diesen Zahn musste ich ihnen leider ziehen. Denn man lebt nur knapp über dem Existenzminimum. Manchmal verdient man auch ein kleines bisschen mehr, je nachdem, welche Ausbildung man hat.

Doch nicht nur, dass man kaum Geld verdient, der Job ist dazu noch hart. Sehr hart. Selbst unsere Kanzlerin hat einmal verlauten lassen, dass „Pflegekräfte einen härteren Job machen als sie". Einer ihrer wirklich wahren Sätze. Doch trotz des geringen Verdienstes, trotz der harten Arbeit wollen einige Menschen dennoch in der Pflege arbeiten. Auch wenn es nach wie vor viel zu Wenige sind. Sie wollen diesen Job machen, weil ihn sonst keiner macht, weil sich viele Andere nicht vorstellen wollen, auch einmal alt oder krank und damit abhängig von anderen Menschen zu werden. Aus Ekel und der eigenen Angst davor, auf Pflege angewiesen zu sein, schieben sie diese Vorstellung weit von sich.

Doch wenn jemand eine Pflegekraft werden will, dann sieht er meist die Not und will helfen. Denn solche Menschen möchten, dass ihnen später in vergleichbaren Situationen ebenfalls geholfen wird. Sie haben vielleicht mehr als andere verstanden, worum es im Leben geht, weil sie die Lebensqualität von pflegebedürftigen Menschen verbessern wollen. Einfach, weil sie Menschen lieben. Das tun sie noch nicht einmal für viel Dankbarkeit oder Anerkennung der Gesellschaft. Denn sie wissen, wie die meisten Menschen über ihren Beruf denken. Ihnen reicht die Dankbarkeit der Menschen, die sie pflegen. Die Dankbarkeit der Angehörigen der Menschen, die notgedrungen einen Einblick in diese Welt bekommen, und sich darüber freuen, dass es jemanden gibt, der sich kümmert, wenn sie es selbst nicht können. Das ist in der Regel die Motivation eines Menschen, der Pflegekraft werden *will*.

Man könnte also sagen, dass wir hier gerade über Menschen reden, die eigentlich zufriedener als andere sein müssten, da sie von vornherein gar nicht viel von ihrem Beruf erwarten. Trotzdem werden von einigen dieser Menschen ihre Schutzbefohlenen gequält, zum Essen oder Trinken gezwungen, in ihren Betten oder Rollstühlen fixiert, oder zumindest einfach in ihren Exkrementen liegen gelassen. Sie werden mit Medikamenten ruhiggestellt und dazu genötigt, in ihre Einlagen zu machen obwohl sie noch die Möglichkeit hätten, zumindest einen Teil ihrer Ausscheidungen auf der Toilette zu entrichten.

Dies ist nur ein kleiner Auszug der Dinge, die tagtäglich in der Pflege passieren. Warum? Weil man das bisschen, was sich diese Leute von ihrem Job erwartet haben, ständig noch verringert. Man kürzt ihnen Sonderzahlungen, und hebt ihr Gehalt größtenteils noch nicht einmal so an, dass die jährliche Inflation ausgeglichen werden könnte. So kommen sie langsam immer näher an die Grenze des Existenzminimums. Häufig gibt man ihnen nur befristete Teilzeitverträge, mit denen sie in den meisten Fällen noch nicht einmal kreditwürdig sind. Zudem kommt immer noch mehr Arbeit dazu.

Krankenhäuser als moderne Wirtschaftsunternehmen entlassen Menschen viel zu früh wieder in ihr zu Hause und in die stationären Pflegeheime, um für freie Betten, und damit für neue Diagnosen zu sorgen, die sie abrechnen können. Es wird sogar Pflegepersonal trotz Notstand abgebaut, damit sich die Klinik mit den eingesparten Personalkosten einen berühmten Arzt oder irgendeine spezialisierte Station leisten kann. Einfach, um auf dem hart umkämpften Markt bestehen und mehr Gewinn einfahren zu können. Das führt dann dazu, dass in den Altenpflegeheimen nun auch Wunden oder Krankheiten versorgt werden müssen, für die der Großteil des Personals gar nicht ausgebildet ist. Da der Arbeitsmarkt aber nicht für genügend Nachschub sorgt, weil eben nicht viele Menschen ein gesteigertes Interesse daran haben, für einen Hungerlohn einen Knochenjob zu erledigen, wächst das Arbeitspensum in der Pflege. Jeden einzelnen Tag.

So werden dann eben auch aus Pflegekräfte Menschen, die nicht wissen, wie und vor allem wovon sie zukünftig leben sollen. Die nicht wissen, wann sie überhaupt Zeit zum Leben haben, da durch die immer größer werdende Krankenquote unter den Pflegemitarbeitern schon gar nicht mehr ans Telefon gegangen wird. Aus Angst, an einem der wenigen freien Tage, die ihnen bleiben, doch noch für eine Kollegin oder einen Kollegen einspringen zu müssen. Die sich gegenseitig mobben, um irgendwie einen Vorteil für sich selbst zu erlangen. Der Kopf ist voller Probleme und Existenzängste. Keine guten Voraussetzungen für Denkprozesse und logische Entscheidungen. Schon gar keine guten Voraussetzungen für pflegebedürftige Menschen. Denn wo sollen Pflegekräfte die Denkkapazitäten hernehmen, um neben ihren eigenen massiven Problemen auch noch die der Alten und Kranken zu sehen? Sie glauben aber zu wissen, dass sie funktionieren müssen. Denn sie können sich eines aus ihrer jetzigen Sicht ganz bestimmt nicht leisten, einen Jobverlust. Es bleibt ihnen also nur noch eines, ohne Motivation, ohne ihren Altruismus zur Arbeit zu gehen und irgendwie zu funktionieren, damit einem wenigstens das bisschen bleibt, was man hat.

Das sind keine schlechten Menschen. Sie sind das Ergebnis des bereits beschriebenen Irrweges. Sie sind frustriert und können ihr eigenes Handeln nicht mehr objektiv reflektieren. Auch sie haben sich selbst verloren und fühlen sich alleingelassen. Sind auf der Suche nach Anerkennung und den Menschen, die sie verstehen. Vor allem fühlen auch sie sich alleingelassen.

Ihre Frustration ist teilweise so groß, dass sie im Laufe der Zeit vergessen haben, dass sie mit Menschen arbeiten, die von ihnen abhängig sind. Sie vergessen gänzlich, dass sie mit *Menschen* arbeiten. Der pflegebedürftige Mensch ist ungewollt zu einer Sache verkommen, die saubergemacht und gefüttert werden muss, damit es einem selbst nicht noch schlechter geht. Zu einer Sache, mit der man machen kann was man will, um schneller sein Pensum zu schaffen. Oder aber man macht gar nichts mehr, weil man einfach nicht mehr kann und nur darauf wartet, wieder gehen zu können. Die wenigen, die sich versuchen gegen diesen Prozess zu wehren, kämpfen nicht nur gegen ihre Kollegen, sondern zusätzlich auch noch gegen den Burnout oder die Depression.

Viele Prominente oder Pflegewissenschaftler, ja selbst Politiker von den weniger großen Parteien, weisen in den Medien seit Jahren, fast schon Jahrzehnten auf dieses massive Problem hin. Es interessiert nur keinen so richtig. Weil die Köpfe der meisten anderen Menschen ebenso voll sind. Mit deren Problemen. Mit deren Ängsten. Mit deren streben nach Anerkennung. Alle wollen sie ein gutes Leben. Eines, in dem man sich die Dinge leisten kann, die man gerne haben möchte. Weil ein Leben ohne etwas ein armes Leben, ein Versagerleben ist. Keiner will so sein, wie die „Versager", die man nachmittags im Fernsehen auf den F7[5]-Sendern sehen kann. Die Hartz IV-Empfänger. Die „Asozialen", deren Wohnung mit Möbeln aus den Achtzigerjahren des letzten Jahrhunderts ausgestattet sind. Nur ein großer Flat-Screen hängt an der Wand. Es wird über diese „Idioten" gelacht. Menschen, bei denen jeder erkennen kann, warum sie da unten sind. Jene, denen es schlechter geht als einem selbst, weswegen man sich einbildet, seinen eigenen, verlorenen Selbstwert wiederzufinden zu können.

Wir spotten über diese Leute genauso, wie wir über Pflegekräfte lachen. Die seltsamen Menschen, denen es scheinbar gefällt, den alten, kranken, stinkenden und inkontinenten Menschen den Hintern abzuputzen. Denn wir denken, dass wir wissen, wie Pflegekräfte ticken. Wir glauben zu wissen, wie Hartz IVler sind. Wir haben es ja in den Medien gesehen,

---

[5] ICD10-Schlüssel für Intelligenzminderung

und wir wollen so nicht werden, wie es uns gesagt und gezeigt worden ist.

Wir haben es im Fernsehen gesehen und in der Zeitung gelesen. Wir haben diese subjektiven Erfahrungen des Fernsehens abgespeichert, und nun urteilen wir wieder über etwas, was wir nicht kennen. Wovor wir Angst haben. Wir laufen vor etwas weg, von dem wir gar nicht genau wissen können, ob es so ist oder ob es das gibt.

In meinem Unterricht zur Ausbildung zum Pflegehelfer sitzen teilweise bis zu 90 Prozent Menschen, die über einen Bildungsgutschein des „Jobcenters" (was für ein irreführender, falscher Name) in diese Maßnahme gekommen sind. Hauptsächlich alleinerziehende Mütter. Keine „Asozialen mit großem Flat-Screen".

Wir denken, dass wir alle durch unsere Medialen Erfahrungen gelernt haben, was soziale Armut in Deutschland "wirklich" bedeutet. Demzufolge versuchen viele alles, um ein derartiges Szenario für sich selbst zu verhindern. Selbst, wenn es uns Zeit mit unseren Kindern kostet. Denn die haben in der Regel ihr behütetes Zuhause verloren. Familie ist für viele von ihnen etwas Abstraktes geworden. Etwas, was am Wochenende oder an den Festtagen stattfindet. Unter der Woche hat die Mikrowelle oder das Fastfood-Restaurant die Rolle des Ernährers übernommen. Vater und Mutter sind die Menschen, die uns das Geld für das Essen geben. Damit manche Eltern überhaupt noch wissen, was ihre Kinder beschäftigt, müssen sie sich wahrscheinlich einen Social-Media-Account zulegen und darauf hoffen, dass ihre Kinder ihre Freunddesanfrage bestätigen.

Doch die Angst vor dem möglichen sozialen Abstieg ist groß. Größer als alles andere, und sie führt in der Gesellschaft zu Ignoranz und Verachtung. Ähnlich wie die Verachtung der meisten Menschen hinsichtlich der "Popo-Abwischer".

Wir wollen weder im sozialen Netz landen, noch auf irgendeinem Bett liegen und uns in pflegerischer Abhängigkeit begeben. Dieses Problem zu bekämpfen hieße, uns mit dieser Angst auseinanderzusetzen. Doch da man genau das nicht will, schiebt man diese Themen ganz weit weg von sich. Man distanziert sich davon, und versucht alles, um nicht in eine solche Lage zu kommen. So tut man häufig alles dafür, dass genau das passieren wird.

Gedanken wie "ich brauche diese Arbeit, auch wenn der Lohn nicht stimmt", „immer noch besser als..." bestimmen unser Leben. Man will mehr, aber aufgrund der eigenen Ängste wird man immer frustrierter. Irgendwann hat man dann den Kampf gegen seine Ängste verloren und ist da, wo man nie hinwollte.

Da aber die, die etwas ändern könnten, immer noch in dem Hamsterrad gefangen sind, gehören wir nun dem Club an, den wir vorher verachteten. Herzlichen Glückwunsch. Die Treffen finden jeden ersten des Monats in den Jobcentern statt.

Diese Beispiele zeigen, was am Ende des Weges steht, den so viele von uns eingeschlagen haben. Wohin Ängste, die Suche nach Anerkennung, die Hoffnung auf den Einen, der einen versteht, führen. Man verliert sich auf diesem Wege nicht nur selbst, indem man sein Handeln an seinen Mitmenschen ausrichtet. Man verliert am Ende sogar die grundlegendste Eigenschaft, die uns Menschen ausmacht. Aus sozialen, gefühlsbetonten Individuen sind „asozialen Zombies" geworden. Man ahnt zwar, dass man etwas ändern muss, tut es aber nicht. Weil man sich selbst die Ausreden liefert, die einem davon abhalten, etwas zu verbessern. Weil man Angst vor dem Neuen, dem Fremden hat. Denn darüber hat man noch keine, oder nur sehr wenige Erfahrungen gesammelt. Unsere eigenen Ängste halten uns wieder einmal zurück.

Doch damit sollte jetzt endlich Schluss sein.

Ein Lösungsansatz

Stellen Sie sich für einen kurzen Moment einmal vor, dass Sie durch ihr Leben mit einem Auto fahren. Wenn Sie in den Rückspiegel blicken, dann sehen Sie alle Ihre Ängste, wie sie Sie im gleichen Tempo verfolgen. Sie sehen alles das, was Sie nicht mehr sehen wollen. Deshalb fahren Sie davon. Auf der Suche nach Ruhe. Auf der Suche nach dem Leben, indem Sie so sein können, wie Sie sind. Auf der Suche nach Anerkennung und den Menschen, die Sie verstehen.

Neben sich sehen Sie die Autos ihrer Mitmenschen. Diese fahren alle in eine bestimmte Richtung, und obwohl Sie nicht erkennen können, warum diese ausgerechnet dorthin fahren, versuchen Sie, ihnen dahin zu folgen. Da alles Schlimme Sie verfolgt, muss das, was Sie suchen, eben irgendwo vor Ihnen liegen. Doch wo genau wissen Sie nicht. Nur eines scheint Ihnen klar zu sein, wenn Sie anhalten, dann könnte Sie alles das, vor dem Sie sich fürchten einholen.

Halten sie jetzt an.

Denn eines sollten Sie jetzt verstanden haben. Wir fahren fast alle in die falsche Richtung. Es macht also erst einmal keinen Sinn mehr weiterzufahren. Atmen Sie tief durch, und suchen Sie nach dem richtigen Weg. *Ihren* richtigen Weg.

Beginnen Sie auf dieser Suche vielleicht einfach damit, sich bei der nächsten Meinungsverschiedenheit mit Ihren Partner daran zu erinnern, dass dieser einen sehr guten Grund haben wird, wenn er anderer Ansicht ist als Sie. Nämlich seine *eigenen Erfahrungen*, sein *eigenes Denken*, seine *eigene Wahrheit*, seine *eigenen Ängste*.

Auch er hat recht, selbst dann, wenn dies nicht immer im Einklang mit Ihrer Überzeugung ist. Es kann eben keinen geben, der mehr oder weniger recht hat oder dessen Wahrheit gültiger ist. Haben Sie diese drei Worte „ich habe recht" in Ihrem Kopf, dann sollten Sie schon skeptisch werden und sich selbst hinterfragen, warum sie zu diesem Schluss gekommen sind. Denn Sie können derartiges nur dann behaupten, wenn Sie *ALLE* Parameter kennen, wenn Sie die objektive, die eine für alle gültige Wahrheit kennen würden. Wenn Sie von einer Metaebene aus die Situation objektiv betrachten und als neutralster aller Richter zu dem Ergebnis gelangten, dass Sie recht haben.

Wenn Sie wirklich immer noch glauben, dass Sie das können, dann sollten Sie sich vielleicht besser mit dem Gedanken vertraut machen, dass Sie nicht beziehungsfähig sind. Denn die Akzeptanz der Wahrheit des Anderen ist in unseren Augen die Grundlage, die fundamentale Basis, einer funktionierenden Beziehung.

Demzufolge sollten Sie damit beginnen, niemanden mehr für das, was er ist, oder seine Handlungen, zu be- oder verurteilen. Das steht Ihnen einfach nicht zu. Genauso wenig, wie es anderen zusteht, das Gleiche bei Ihnen zu tun. Es macht letztlich keinen Sinn, sich ein Urteil über etwas zu erlauben, von dem sie nun wissen müssten, dass man es gar nicht kann.

Weil Sie nichts, oder nicht viel, über diesen Menschen wissen. Denn ohne dessen Erfahrungen können wir noch nicht einmal im Ansatz dessen Beweggründe verstehen. Das kann kein Mensch.

Auch wir haben in vielen unseren Beziehungen genau diesen Fehler begangen. Wir fühlten uns unglücklich, weil wir gespürt haben, dass etwas nicht stimmt. Dann haben wir versucht, durch elend lange Gespräche herauszufinden, warum das so ist. Es wurde im Internet gestöbert oder Bücher gelesen, um Gründe zu finden, warum der Partner einen nicht versteht. Warum er nicht sieht, was man selbst sieht. Durch die Recherche hatten wir oftmals schnell eine wunderbare Lösung gefunden. Selbstverständlich dachten auch wir dabei, dass wir „recht" hatten.

Wir waren davon überzeugt, alleine mit unserer Kenntnis, *unserer Wahrheit,* die Beziehung retten zu können. So dachten wir jedenfalls. Man kämpfte und man begann, die Partner „behandeln" oder zum Guten ändern zu wollen. Behandeln auf der Grundlage der eigenen, subjektiven Erfahrungen, der eigenen Wahrheit. Man suchte nach psychischen Erkrankungen und fand deren Symptome. Man dachte, wenn man die psychischen Probleme des Partners in dessen Vergangenheit lösen könnte, dann könnte man die Beziehung in der Gegenwart retten. Wie unglaublich arrogant das auf die Anderen gewirkt haben muss.

Denn eines wurde von uns völlig ignoriert. Dass der Grund für die Verhaltensweisen unserer Partner in ihren eigenen Erfahrungen und Denkweisen lag. Wir mischten uns in Dinge ein und sahen Probleme, die für den anderen gar nicht existent waren, da sie eben ausschließlich auf unserer eigenen Wahrheit beruhten.

Unsere Partner haben sich gewehrt, und uns wahrscheinlich für böse Menschen gehalten. Einige tun dies bestimmt immer noch. Da sie in uns jemanden gesehen haben, und noch sehen, der sie nach seinem Gutdünken verändern wollte. Der Witz ist, nicht nur Sie werden sich vielleicht gerade in dieser kleinen Geschichte wiedererkennen, sondern wahrscheinlich auch Ihr damaliger Partner.

Der entscheidende Punkt ist, wie alle Menschen waren sie einfach nur so, wie sie waren. Nämlich das Ergebnis ihres eigenen Lebens. Deswegen mussten sie ebenso wie wir so handeln, wie sie es taten. Da uns jedoch die Probleme in diesen Beziehungen irgendwann sehr belasteten, wäre spätestens zu diesem Zeitpunkt das einzig Logische gewesen, sich von ihnen zu trennen. Genau dann, als sich für uns herauskristallisierte, dass das Problem zu groß, und die Sichtweisen zu unterschiedlich waren, um sie zu überwinden. Zu dem Zeitpunkt, als uns klar sein musste, dass bereits zu viele Kompromisse in den Waagschalen lagen.

Stattdessen wurde sich gegenseitig das Leben weiter zur Hölle gemacht. Es kam schließlich doch zu einer Trennung und zwar zu keiner schönen. Wie bei allen Lügen wurde eben das feststehende Ende nur herausgezögert und damit verschlimmert. Diesen Energieaufwand hätten wir uns sparen können, und das Endergebnis wäre wahrscheinlich auch oftmals ein besseres geworden.

Wir Menschen zermartern uns immer den Kopf darüber, warum der Andere so ist. Wir tendieren aufgrund unserer eigenen Erfahrungen dazu, den Anderen für uns heilen zu wollen. Weil wir dem Irrglauben unterliegen, dass wir den anderen „heilen" können. Nur, weil wir glauben, dass wir recht haben und die Wahrheit kennen. Die „Wahrheit", dass der Andere das Problem ist.

Doch wir sind es selbst, die in irgendeiner Form unglücklich sind. Im Grunde genommen wollen wir uns selbst heilen. Indem wir den Partner finden, der uns voll und ganz versteht. Der so ist, wie wir es uns vorstellen. Doch diese Suche hat keine Chance auf Erfolg. Aber anstatt sich genau darüber klar zu werden, leiden wir lieber, und versuchen weiter, an unserem Partner herumzubasteln. Die Frage, warum der Partner so ist, können wir trotzdem nicht beantworten. Wir sind eben nicht der Andere. Wir sind wir, und wir können weder den Anderen, noch uns selbst ändern. Es spielt für eine Beziehung auch keine Rolle, warum Frauen so, und Männer anders sind. Es ist irrelevant, warum der Chef so ist, ob die unterschiedliche Anatomie der Gehirne eine Rolle spielen oder was letztlich neben unseren Erfahrungen und Prägungen zu den Unterschieden zwischen uns Menschen führt. Diese vorhandenen Unterschiede sind im Endeffekt viel zu komplex und noch viel zu unerforscht, um sie auch nur ansatzweise zu begreifen. Deswegen kann der Weg zu einer harmonischen Beziehung nicht über das Begreifen des Anderen, und schon gar nicht im Ändern von diesem liegen. Nein, was unseren Partner betrifft, ist der einzige praktikable Weg, zu akzeptieren, dass *der Andere einfach anders ist.*

Glauben Sie uns, alleine dadurch wird es Ihnen zunehmend leichter fallen, die Wahrheiten Ihres Partners, oder die von anderen Menschen, in den unterschiedlichsten Situationen zu akzeptieren. Zudem werden Sie nach und nach immer mehr die Verhaltensweisen der Anderen verstehen. Einfach, weil Sie nicht mehr versuchen werden zu beweisen, dass Sie recht haben. Im Gegenteil, Sie werden die Existenz anderer, für Sie bislang unbekannten Wahrheit erkennen, die Ihnen einen Einblick in eine andere Denkweise bieten können. Alleine das sollte schon dazu führen, dass es weniger Konflikte in Ihren Beziehungen gibt. Sie müssen sich nur darauf einlassen.

Wenn Sie die Wahrheit des Anderen respektieren, nun, dann wird ihr Partner es vielleicht auch tun. Wenn das geschieht, dann haben Sie gemeinsam eine völlig neue Basis Ihrer Beziehung geschaffen, auf der sich möglicherweise aufbauen lässt. Weil Sie nun nicht mehr auf unterdrückten Gefühlen einer empfundenen, ungerechten Behandlung oder eines Problems, das immer wieder auf einen späteren Zeitpunkt verschoben wird, steht. Sondern auf Akzeptanz des Anderen.

Doch das ist nur die Grundlage, sozusagen der erste Teil der Karte, die Sie auf Ihrer Fahrt durch das Leben an Ihr Ziel bringen kann. Im Folgenden müssen Sie nun für sich selbst herausfinden, ob Sie auch mit der Wahrheit des Anderen leben können. Allerdings sollten Sie nicht zu voreilig handeln, wenn Sie das Gefühl haben, dass dies nicht so ist. Denn genau wie Sie selbst wünscht sich Ihr jetziger Partner, wie alle anderen Menschen auch, nichts sehnlicher, als der Mensch sein zu dürfen, der er ist. Vielleicht kennen Sie noch nicht einmal genau seine Wünsche für sein Leben. Oder er Ihre. Denn höchstwahrscheinlich haben Sie mit Ihrem Partner noch nie offen und ehrlich über das gesprochen, was *Sie beide* wirklich in Ihrer Beziehung wollen. Zumindest nicht unter dem Aspekt, dass das, was Ihr Partner Ihnen sagt, seine gültige Wahrheit ist und Sie auch Ihre eigene haben. Vielleicht dachten Sie auch, dass er Sie gar nicht verstehen kann. Nun, jetzt wissen Sie ja, dass er das gar nicht unbedingt muss. Vielleicht hatten Sie aber auch einfach nur Angst vor einem solchen Gespräch, weil sie dachten, dass die Beziehung daran zerbrechen könnte, weil Sie wieder einmal Angst vor dem Alleinsein hatten.

Reden Sie also mit Ihrem Partner. Versuchen Sie auszuloten, ob und was Ihnen beiden die Beziehung gegeben hat und was Sie beide noch von Ihr erwarten. Wenn Sie das offen kommunizieren, dann wissen Sie zum einen, woran Sie sind, und zum anderen können Sie dann überlegen, wo Sie Ihrem Partner, und er Ihnen, ein Stückchen entgegenkommen können. Denn eine Beziehung verlangt eben auch, Kompromisse einzugehen. Werden Sie sich also auch klar darüber, welche Kompromisse Sie eingehen können, ohne in der jeweiligen Beziehung zu leiden.

Allerdings ist es oftmals nicht so einfach herauszufinden, wo bei uns diese Grenze liegt. Denn wir tun uns schwer damit, im Vorfeld unsere Belastbarkeit richtig einzuschätzen. Nicht zuletzt, weil wir häufig dazu tendieren zu glauben, dass sich Dinge, bei denen wir uns anfangs nicht gut fühlen, irgendwann besser, und somit erträglicher für uns werden könnten. Deswegen gehen wir oft Arbeitsverhältnisse ein, die wir eigentlich gar nicht machen wollen. Aber vielleicht wird es ja doch irgendwann die Erfüllung sein. Nein, wird sie in der Regel nicht. Oder wir sind es leid, alleine zu sein, und angeln uns beim Tanzen oder sonst wo einen Menschen, der nicht unseren Idealvorstellungen entspricht. Aber vielleicht entpuppt er sich am Ende doch als unser Traumpartner. Nein, sehr wahrscheinlich wird er dies nicht. Wir suchen uns Freunde aus oberflächlichen Gründen heraus und hoffen, dass wir uns immer auf sie verlassen können. Nein, können wir zumeist nicht. Im Nachhinein ärgern wir uns dann, dass wir solche Beziehungen eingegangen sind, obwohl wir im Vorfeld bereits ahnten, dass irgendetwas nicht passt.

Doch genau diese Vorgehensweise ist völlig normal, um herauszufinden, was wir von unseren Beziehungen erwarten und wieviel wir bereit sind, für sie zu investieren. Denn wir kommen unserem Ziel immer nur dadurch näher, indem wir Schritt für Schritt durch positive oder negative Erfahrungen lernen, was wir tatsächlich wollen und was nicht.

In Ihren derzeitigen Beziehungen werden Sie bereits einiges kennengelernt haben, mit dem Sie eher schlecht umgehen können. Sie wissen also schon, was Sie in dieser Beziehung stört. Genau hier sollten Sie dann auch ansetzen, und zusammen mit Ihrem Partner und dessen Sicht der Dinge herausfinden, warum Sie oder Ihn etwas stört, und welche Möglichkeiten es gibt, einen Kompromiss zu finden, mit dem *beide* leben können. Achten Sie hierbei aber darauf, auch auf Ihren Partner zuzugehen. Denn oftmals fordern wir nur, bieten jedoch nichts, oder nicht viel an. Das ist zwar ganz natürlich, denn wir kennen ja bislang nur unsere eigene Sichtweise und unser eigenes Unglück. Es ist jedoch nicht zielführend. Letztlich ist es wohl genau das, was Sie bislang immer getan haben. Gebracht hat es wahrscheinlich jedoch nicht viel. Also ändern Sie dieses Verhalten. Lassen Sie Ihren Partner ausreden und auch seine Vorstellungen unkommentiert darstellen. Nur so haben Sie die reale Chance auf eine glücklichere Zukunft.

Behalten Sie jedoch immer im Hinterkopf, dass zu viele Kompromisse in einer Beziehung für ein Ungleichgewicht sorgen. Auf beiden Waagen. Somit führen sie irgendwann direkt in die Unzufriedenheit, in die Resignation und schließlich in die Frustration. Sie sollten also rechtzeitig gemeinsam damit beginnen, eine Entscheidung darüber zu treffen, ob diese Beziehung für Sie wirklich noch Sinn macht, wenn Sie in ihr unglücklich sind und Sie es zusammen nicht schaffen, das zu ändern.

Stellen Sie irgendwann fest, dass es entweder keine Möglichkeit eines Kompromisses gibt, oder Sie weiterhin unter einem bestimmten Verhalten oder Zustand leiden, dann seien Sie für sich konsequent. Denn der einzige logische Weg für uns selbst ist es dann, durch das Beenden der entsprechenden Beziehung den Zustand des Leidens zu verlassen.

In der Regel fällt es uns sehr schwer, bei vorhandenen Beziehungen einen Schlussstrich zu ziehen. Denn wir haben oft alle Hoffnungen in unsere Beziehungen gesteckt. Hoffnungen, dass es uns mit diesen besser ergehen könnte, als bisher. Dass wir den Beruf ausüben, der uns erfüllt, unser Leben bezahlt und der uns glücklich macht. Hoffnung, dass wir endlich so geliebt werden, wie wir sind. So halten wir auch an den Beziehungen fest, mit denen wir schon innerlich abgeschlossen haben. Wegen der Hoffnung. Genau genommen trennen wir uns also nicht, weil uns noch etwas an diesen Beziehungen liegt, sondern weil wir Angst haben, unsere Hoffnungen auf das zu verlieren, was wir uns von dieser Beziehung gewünscht haben. Denn oft kommt es uns so vor, dass sie das Letzte sind, was wir noch haben.

Doch diese Angst ist unbegründet. Sie verfehlt ebenso, wie die meisten Anderen, immer ihr eigentliches Ziel. Ängste schützen uns nur selten und halten uns viel häufiger von dem fern, was wir uns wirklich wünschen. Einfach, weil sie Dinge miteinander vergleichen, die nicht vergleichbar sind. Sie sind aus den negativen Erfahrungen unserer Vergangenheit entstanden oder wurden uns anerzogen. Doch nur, weil etwas in der Vergangenheit passiert ist, was wir nicht wollten, oder wir etwas getan haben, was nicht funktioniert hat, bedeutet es nicht, dass etwas Ähnliches nun nicht anders werden kann. Keine Situation ist dieselbe. Wir haben unseren Verstand, der in der Regel wesentlich präziser auf unsere Erfahrungen zurückgreifen kann, als es unser Unterbewusstsein mit der Angst tut. Versuchen Sie also, sich Ihre Ängste bewusst anzusehen. Erkennen Sie, woher Sie kommen und machen Sie sich klar, dass es *vergangene* Erfahrungen sind, die Sie nun über die Angst in der Gegenwart behindern. Lassen Sie sich nicht durch sie in der Vergangenheit zurückhalten.

Vergeben Sie lieber und lassen Sie los. Nutzen Sie Ihre Erfahrungen, gehen Sie nach vorne und lassen Sie Ihre Ängste hinter sich. Denn nur da gehören sie hin. Wir können unser Leben nur dadurch besser machen, indem wir unseren Weg weitergehen. Doch das gelingt uns nur, wenn wir unsere verfahrenen Situationen selbst ändern. Andernfalls bleiben wir genau in diesen stehen, einzig mit der Hoffnung, dass es vielleicht besser wird. Aber das wird es nicht werden, wenn sie trotz Akzeptanz der anderen Wahrheit in einer Beziehung keine gemeinsame Basis mehr finden können.

Wie Sie es also drehen und wenden, es macht keinen Sinn, weiterhin die Hoffnung auf genau die Beziehungen zu setzen, von denen Sie bereits wissen, dass sie gescheitert sind. Bedenken Sie zudem: Etwas Neues, Besseres kann und wird in der Regel erst dann in Ihr Leben treten, wenn das Alte nicht mehr vorhanden ist. Sie haben immer die Möglichkeit, sich die Menschen zu suchen, mit deren Ansichten Sie etwas anfangen können. Es gibt mehr davon, als Sie glauben. Haben Sie also keine Angst, Sie müssen und werden Ihren Weg nicht alleine gehen.

In unserem Leben begegnen wir einigen Menschen, die uns in bestimmten Lebenssituationen helfen, die uns für den Moment guttun und die uns weiterbringen. Doch bei vielen kommt irgendwann der Zeitpunkt, an dem uns diese Beziehung nichts mehr gibt, weil wir alles das bekommen haben, was wir auf unserem Weg brauchten. Sie kennen das vielleicht aus dem Beruf, wenn Ihnen Kollegen gute Tipps geben oder Sie sich Dinge von Ihnen abgucken, die Sie nutzen können. Doch irgendwann lernen Sie nichts mehr von ihnen.

Dieses Prinzip gilt für alle Beziehungen in unserem Leben. Auch für die Partnerschaftlichen. Wollten wir nicht einmal für immer und ewig bei unserer allerersten, großen Liebe bleiben? Doch irgendwann wurde es langweilig, oder jemand anderes interessierte uns einfach mehr. Also gingen wir. Oder unser damaliger Partner. Es ist zwar nicht unmöglich, aber in der Regel eben nicht realistisch, direkt mit der ersten Beziehung die Erfüllung zu finden.

Wir befinden uns im Leben im Grunde genommen auf einem Weg dahin, wohin wir wollen. Wenn wir auch gar nicht so genau wissen, wo das sein soll. Beziehungen helfen uns auf diesem Weg dabei oftmals in genau der Situation, in der wir uns gerade befinden. Aber diese Situationen ändern sich halt manchmal. Trotzdem sind wir am Ende weitergekommen und es ist dabei unerheblich, ob wir mit positiven oder negativen Dingen aus dieser Beziehung gehen. Denn jedes Mal lernen wir dadurch mehr, was wir genau wollen und was nicht.

Bei uns verhielt es sich zumeist so, dass wir bei unseren neuen Partnern oftmals genau die Erfahrung nutzen konnten, die wir beim alten gelernt hatten. So kamen wir mit diesen Erfahrungen unserem Ziel, die für uns perfekte Beziehung zu finden, immer etwas näher.

Das Leben ist halt ein kleines bisschen so wie ein Fluss, aus dem hier und da ein Stein hervorguckt. Um den Fluss zu überqueren, müssen wir auf die Steine springen. Manchmal machen wir uns die Füße trotzdem nass, aber letztlich gehen wir nie ganz unter. Aber das Ziel ist nicht trocken mitten im Fluss auf einem Stein zu stehen, das Ziel ist irgendwo am anderen Ufer. *Das* ist unser Weg.

Bevor Sie nun aber endlich damit beginnen können, dass, was Sie in diesem Buch erfahren haben für sich umzusetzen, und somit neue Erfahrungen zu sammeln, die Sie auf ihrem Weg weiterbringen, müssen Sie noch eine letzte, vielleicht die wichtigste Sache tun. Etwas, dass eventuell sehr schwierig für Sie sein wird. Sie müssen sich selber wieder akzeptieren.

Wir alle tendieren an der einen oder anderen Stelle dazu, uns selbst nicht so anzunehmen, wie wir sind. Viele von uns haben einen Weg eingeschlagen, der sie im Ergebnis ganz weit weg von sich selbst brachte. Dabei sind sie von ihrem Ziel, ein Leben zu führen in dem sie so sein können und dürfen, wie sie sind, noch weiter entfernt, als zuvor. Daher halten sich viele für schlecht und denken, dass sie alles falsch machen würden. Dass sie an der einen oder anderen Stelle nicht schön, oder gar, dass sie dumm sind, weil so manch anderer ihnen das gesagt oder zu spüren gegeben hat. Vielleicht die Eltern, oder Freunde, Bekannte oder diverse Ex-Beziehungen. Doch diese Menschen beurteilten anhand ihrer eigenen Wahrheiten und hielten deswegen manche Dinge falsch oder einen Fehler. Einzig, weil sie aus deren *subjektiven Sicht* falsch und fehlerhaft waren.

Doch für Sie selbst sind sie es nicht, und wenn sie es im

Nachhinein doch waren, so konnten Sie diese Erfahrung bereits in Ihr Denken übernehmen.

Sie sind auch nichts schuld. Denn Sie taten immer nur das, was Sie in der jeweiligen Situation für richtig hielten. Doch aufgrund der Ansicht von anderen Menschen denken Sie nun vielleicht, dass Sie das, was Sie wollen, nicht erreichen können. Weil Sie deren subjektive Wahrheit übernommen haben, dass Sie nicht gut genug dafür sind. Oder Sie glauben, davon überzeugt zu sein, dass Sie ein besseres Leben gar nicht verdient haben, und Sie folglich mit dem Leben zufrieden sein müssen, dass Sie haben. Denn das haben die Anderen Sie auch immer glauben lassen. Nun denken Sie, dass Sie so, wie Sie sind, bislang immer gescheitert sind.

Doch solche Gedanken führen geraden Weges in die Kompromisse, unter denen man leidet. Sie machen Sie genau zu dem Menschen, der Sie nicht sein wollen. Machen Sie sich also auf die Suche nach dem genauen Ursprung dieser Gedanken. Fragen Sie sich, woher Sie wirklich wissen können, dass genau diese Gedanken die richtigen sind. Sie sind nur in Ihren Erfahrungen verankert, weswegen Sie jetzt *denken*, dass sie es sind. Aber sie basieren entweder auf der subjektiven Beurteilung der anderen Menschen in Ihrem Leben, oder auf Ihren, durch negative Erfahrungen verursachten, Ängsten. Wenn Sie an diesen Gedanken festhalten, besteht die große Gefahr, dass Sie sich bestätigen werden. Weil Sie sie bereits in Ihr Leben integriert haben und es auch weiter tun werden. Entlarven sie sie also als das, was sie sind:

Falsch.

Erst, wenn Sie das begreifen, können Sie damit beginnen,

für sich selbst wieder der wichtigste Mensch zu sein, und Ihren Weg weitergehen. Andernfalls suchen Sie weiter Ihr Glück in den Erfahrungen und Prägungen der Anderen, oder lassen sich durch die negativen Erfahrungen der Vergangenheit daran hindern, voranzuschreiten. Doch über unsere Vergangenheit führt der Weg nach vorne ganz sicher nicht.

In Ihrem Leben geht es einfach nur darum, dass zu tun, was Sie selbst denken, was das Beste für Sie ist. *Nur für sie selbst.* Was das ist, wissen nur Sie ganz alleine. Hören Sie einfach öfter auf Ihr Gefühl und weniger auf andere Menschen. Denn wir urteilen viel zu oft über uns selbst, weil wir feststellen, dass viele Menschen nicht so denken wie wir. Also glauben wir plötzlich, dass wir falsch liegen. Nun, mein Sohn erzählte mir einmal eine Geschichte aus der seiner Schule. Die Klasse musste in einen anderen Raum. Er sagte als einziger, dass dieser im dritten Stock ist. Alle anderen sagten, dass er sich im zweiten Stock befinden würde. Somit gingen alle Schüler in den zweiten Stock. Danach mussten sie schnell in den Dritten.

Man weiß nie, woher anderen Menschen ihre Informationen oder ihre Erfahrungen bekommen haben, oder wie sich deren ganz persönliche Wahrheit gebildet hat. So könnte es in dem gerade gezeigten Beispiel vielleicht ein sehr beliebtes Kind gewesen sein, dem alle andern mehr glaubten. In anderen Fällen könnte auch durch Medien oder bestimmte Weltanschauungen eine Wahrheit geprägt worden sein, die für Sie gar nicht zutrifft.

Fahren Sie also nicht der Masse hinterher. Die Wahrscheinlichkeit, dass diese die richtige Richtung für Sie vorgibt ist eher gering. Vertrauen Sie lieber auf sich selbst.

Gönnen sie sich auch mal etwas. Nicht aus Frustration oder als Belohnung, sondern einfach mal für Sie. Weil Sie gut so sind, wie Sie sind! Denn sie sind der einzige Mensch unter acht Milliarden, der Ihr Leben gelebt hat und weiterleben wird. Erfüllen Sie sich ihre Wünsche und streben Sie nach den Dingen, von denen Sie wissen, dass sie Sie glücklich machen werden. Fangen Sie klein an, und fügen Sie dann immer mehr kleine Stückchen hinzu. Bringen Sie sich diese Erfahrung selbst bei, bis Sie zu ihrer Überzeugung wird.

Beginnen sie damit, "Sie selbst" zu sein, und Ihr Leben zu leben. Machen Sie niemanden etwas vor, vor allem nicht sich selbst. So werden auch über kurz oder lang die falschen Freunde aus Ihrem Leben verschwinden, und Sie werden diejenigen finden, die Sie so akzeptieren, wie Sie wirklich sind. Hören Sie auf an sich zu zweifeln. Es geht im Leben nicht um Anerkennung, auch wenn viele sagen, dass es das größte Bedürfnis von uns Menschen ist. Sie ist nur eine Art Ersatz für unser eigentlich größtes Bedürfnis: Einfach so sein zu dürfen wie wir sind und sein wollen, und von unserem Umfeld genauso akzeptiert zu werden.

Sie alleine haben es in der Hand, dass Sie dies erreichen. Das gilt für alle Bereiche Ihres Lebens. Wenn Sie unglücklich sind, dann ist es nicht Ihr Partner schuld, auch nicht Ihr Arbeitgeber oder sonst wer. Denn die machen aus ihrer eigenen Sicht nur das, was sie aufgrund ihrer eigenen Erfahrungen und ihren eigenen Denkweisen für richtig halten. Sie suchen ihrerseits einfach nur einen Weg, so sein zu dürfen, wie sie sind. Jeder will eben auf seine Weise einfach nur leben, und sehr viele glauben, dass sie das nicht dürfen. Daher versucht man immer so viel zu bekommen, wie es nur möglich ist, und das oft auf Kosten anderer. Weil wir uns davon erhoffen einen Status Quo zu erreichen, der unserer Vorstellung zu leben vielleicht nahekommt.

Dieses Ziel erreichen wir auf diesem Weg jedoch nicht. Denn die Dinge, die wir auf diese Art und Weise zusammenraffen, benötigen wir gar nicht für unser Glück. Im Gegenteil, je mehr wir davon haben, desto größer wird die Angst, dass es uns jemand wegnehmen könnte. Durch diese Angst verlieren wir sogar den Blick dafür, was oder wen wir wirklich brauchen, um einfach nur sorgenfrei zu leben.

Angst ist kein guter Ratgeber. Hören wir also auf damit, Angst voreinander zu haben, verletzt zu werden, oder dass uns jemand etwas wegnehmen will. Niemand greift uns an, keiner will uns bewusst schädigen. Alle wollen sich bloß verteidigen und kämpfen um das kleine bisschen, von dem sie glauben, dass es ihrem Glück am nächsten kommt. Bei dem sie aber nicht bemerken, dass es sie in Wahrheit Stück für Stück unglücklicher macht. Es gibt keine subjektive Schuld, nur eben Milliarden von subjektiven Wahrheiten.

Halten Sie nach den Menschen in Ihrem Leben Ausschau, die Sie weiterbringen, und mit denen Sie leben können, so wie Sie es sich vorstellen. Denn Sie selbst haben immer die Möglichkeit, sich diejenigen Auszusuchen, mit deren Ansichten Sie etwas anfangen können. Sammeln Sie neue Erfahrungen, die Sie auf Ihrem Weg weiterbringen, und trennen Sie sich von den Menschen, bei denen dies nicht der Fall ist.

Nun bleibt für sie nur noch eines zu tun. Fangen Sie einfach an. Fahren Sie wieder los, in die Richtung, die Ihnen richtig vorkommt. Wenn Sie während der Fahrt ab und an mal in Ihren Rückspiegel schauen, dann werden Sie schnell bemerken, wie Ihre Ängste langsam verblassen werden. Sie werden noch nicht verschwinden, aber Sie werden sehen, dass sie zumindest immer den gleichen Abstand zu Ihnen haben. Egal, ob Sie schnell oder langsam, oder einfach in eine andere Richtung fahren.

Schauen Sie zudem öfters aus dem Fenster, und bemerken Sie diejenigen, die in die gleiche Richtung gestartet sind wie Sie. Halten Sie an, treffen Sie sich mit ihnen, führen Sie Beziehungen. So lange, bis sich Ihr Weg vielleicht wieder trennt. Manchmal werden Sie dabei von dem einen oder anderen enttäuscht werden. Denn es gibt auch eine Menge Menschen, die entgegengebrachtes Vertrauen als Dummheit oder Schwäche interpretieren. Doch es wird nicht lange dauern, bis Sie verstehen, dass diese Menschen immer noch von ihren Ängsten getrieben werden. Vielleicht empfehlen sie ihnen einfach dieses Buch, verabschieden sich höflich und fahren in eine andere Richtung weiter.

Doch wohin auch immer Sie in Ihrem Leben gehen, Sie werden überall Erfahrungen sammeln. Und jede Erfahrung bringt Sie Ihrem Ziel näher. Haben Sie also keine Angst vor Fehlern. Denn mit jedem Fehler lernen Sie sich nur selbst besser kennen, und Sie bekommen immer genauer eine Ahnung davon, wohin Sie wollen. Mit jeder neuen Erfahrung wachsen Sie. So kann es dann also durchaus sein, dass Sie morgen, aufgrund einer neuen Erfahrung oder eines Fehlers, in Situationen anders handeln, als noch gestern. Aber Sie bleiben dabei immer Sie selbst. Denn weder wir noch andere können sich ändern.

Akzeptieren Sie also auch die anderen Menschen in Ihrem Leben einfach nur so, wie sie sind. Denn nichts Geringeres erwarten wir auch von diesen. So schaffen wir es vielleicht, harmonische Beziehungen zu führen, und unserem Ziel näher zu kommen. Dem Ziel, einfach wir selbst sein zu können.

Epilog

Wir hoffen, dass Sie durch unser Buch ein paar neue Informationen hinsichtlich des Zusammenlebens und des Führens von Beziehungen bekommen haben. Wahrscheinlich haben Sie sich auch an ein paar Dinge erinnert, die Sie schon einmal gehört haben. Doch letztlich handelt es sich, wie der Buchtitel ja schon verrät, um eine Theorie. „Unsere" Theorie, die uns, und ein paar Menschen in unserem Umfeld, das brachte, was wir irgendwie immer wollten. Dies war der Grund für dieses Buch, denn es war uns ein Anliegen, dass andere Menschen auch das erfahren sollen, was wir tagtäglich erfahren: Eine Beziehung, in der wir genau so sein dürfen, wie wir sind. Eine harmonische Beziehung voller gegenseitigem Vertrauen, mit immer schwächer werdenden Ängsten, ohne Streit.

Doch Theorien gelten so lange als solche, bis sie entweder bewiesen oder widerlegt worden sind. Insofern würden wir uns sehr darüber freuen, wenn unsere Harmonietheorie erprobt, und in den entsprechenden sozialen Medien oder im Internet unter www.harmonietheorie.de mit uns diskutiert werden würde. Vielleicht können wir somit auch in bestimmten Situationen ein wenig Unterstützung leisten, die nicht in diesem Buch konkret behandelt worden sind.